# 流量大师

## 城市流量密码

华红兵 钟平 著

中国出版集团有限公司
研究出版社

图书在版编目（CIP）数据

流量大师：城市流量密码 / 华红兵，钟平著．北京：研究出版社，2025. 6. -- ISBN 978-7-5199-1867-5

Ⅰ. F592.68

中国国家版本馆 CIP 数据核字第 2025DY3897 号

出 品 人：陈建军
出版统筹：丁 波
策划编辑：张 琨
责任编辑：张 琨
营销编辑：毛 欣
责任校对：林 娜
责任印制：王宏鑫

**流量大师：城市流量密码**

LIULIANG DASHI: CHENGSHI LIULIANG MIMA

华红兵 钟平 著

研究出版社出版发行
（100006 北京市东城区灯市口大街 100 号华腾商务楼）
北京云浩印刷有限责任公司 新华书店经销
2025 年 6 月第 1 版 2025 年 6 月第 1 次印刷
开本：710 毫米 × 1000 毫米 1/16 印张：15.75
字数：135 千字
ISBN 978-7-5199-1867-5 定价：59.80 元
电话：010-64217619 64217652（发行部）

# 编 委 会

# 序 言

在这个信息爆炸的时代，新媒体的力量如同汹涌的浪潮，席卷着我们生活的每一个角落。短视频作为新媒体的重要组成部分，正以前所未有的速度改变着人们获取信息、分享故事和交流情感的方式。它不仅为个人提供了表达自我的广阔平台，也为城市推广带来了前所未有的机遇。

作为一名在移动营销、品牌推广领域深耕的实践者，笔者长期关注城市发展，并一直在思考如何利用新媒体短视频的力量，让城市的独特魅力得到更广泛的传播。近两年来，笔者打造了一些关于城市主题的爆款视频，在社会上引起了一定的反响，也得到多个省、市文旅部门的关注和支持。笔者发现，成功的城市推广不仅仅是宣传景点或特色产品，更重要的是讲述动人的城市故事——能引起观众共鸣的故事。

短视频以其直观、生动的特点，能够迅速吸引观众的注意力，并在短时间内传递大量信息。这种形式非常适合用来展示城市的多面性和丰富性。例如，一段短短几分钟的视频，可以带领观众穿梭于古老的巷弄之间，感受历史的厚重；也可以让人仿佛置身于热闹非凡的夜市，体验现代都市的活力。这些充满感染力的画面，比传统的文字介绍更加直观有效，也更容易引发观众的情感共鸣。

回顾自己为多个城市创作的爆款视频，笔者意识到，要想通过短视频成功讲述城市故事，首先需要深入了解这个城市的灵魂。每个城市都有其独特的文化背景、历史沿革、人文景观、经济发展和社会风貌，这些都是构成城市故事的重要元素。除此之外，情感因素，特别是热爱家乡、热爱祖国的情感，在城市推广中扮演着不可或缺的角色。这些深厚的情感联结能迅速触动人心，激起公众的共鸣与认同。当一个短视频能够成功地唤起观众内心深处对故土或国家的热爱时，它便不再只是一种简单的信息传递工具，而成了一座情感交流的桥梁。

每一个城市都是国家的一部分，它们承载着共同的历史记忆和发展梦想。利用这一点，将城市的故事融入国家的宏大叙事中，不仅可以提升城市的知名度，还能强化民众对于国家统一和繁荣的信心。在这样的背景下，城市推广不再是单向的信息输出，而是一次充满温情和正能量的情感共振，能极大地提升了城市的影响力和吸引力。当越来越多的人开始关注，并参与城市的推广时，城市的品牌价值便会自然而然地得到提升。

本书选取了笔者为16个省、自治区、直辖市和32个城市创作的爆款短视频，从不同维度阐释城市推广的核心要素，希望能帮助读者找出城市推广的内在规律。除此之外，笔者还深入分析了短视频赋能城市推广的七个流量密码。经过验证，这些流量密码能有效提升短视频的传播效果。

对于读者来说，您可以根据自身的兴趣和需求选择性阅读。如果您希望了解短视频赋能城市推广的完整体系，可以从头至尾逐章阅读；若您已经具备一定的基础，也可以直接跳转到感兴趣的章节深入学习。无论哪种方式，笔者都相信这本书会成为您探索城市故事、创作精彩内容的得力帮手。

最后，真诚祝愿每一位读者都能在这本书中找到属于自己的灵感火花，共同书写更多美好的城市篇章。

# 目录

CONTENTS

## 上篇：山河画卷

## 下篇：城市颂歌

上篇

# 山河画卷

CHENGSHI LIULIANG MIMA

# 安徽

## 皖江毓秀，徽商故里

### 视频文案：在未来的十年，安徽必将崛起

未来 10 年，你看好哪一个省？我还是看好安徽。

过去 10 年，安徽从一个农业大省变成了今天的科技大省。你看芯片、光伏、人工智能、新能源汽车、量子科技，居然没有诞生在一个沿海省份。安徽不靠江、不靠海，交通也并不便利，但偏偏这个省从农业大省快速跑入科技大省的行列。

这 10 年时间，安徽人真是憋足了一口气啊！从过去的经济落后、技术落后、到处求人，变成今天的扬眉吐气，安

徽人真是埋头苦干了 10 年。未来的 10 年，它会跑得更快。为什么呢？首批综合性国家科技中心，首个国家实验室都落户安徽。在科学设施的全国布局上，安徽排名全国第一。

这 10 年间，安徽的制造业跟它的科技一起跑起来了。比如说，它的数字经济和制造业产值都超过了 1 万亿元，安徽生产了全球 10% 的笔记本电脑，20% 的液晶显示屏。全国每 3 台冰箱、每 4 台洗衣机、每 5 台空调、每 4 台出口汽车，就有 1 台由安徽制造。

科技拉动制造业是安徽特色，这使得安徽有别于其他省，值得其他省学习。人家能够以科技为突破点拉动制造业发展，它不是纯粹为就业而就业，而是面向未来解决就业，这是最令人尊敬的地方。

（发布于视频号：华红兵品牌策划）

## 亮点提炼

**情感共鸣：**文案通过讲述安徽过去 10 年的努力和转变，激发了观众的情感共鸣。特别是提到“埋头苦干”“扬眉吐气”，能够激发安徽观众对家乡发展的自豪感和对未来前景的信心。

**故事性叙述：**文案采用了一种讲故事的方式，描述了安徽如何克服不利条件（如地理位置），成功转型为科技大省。这样的叙述方式比单纯的数据罗列更能吸引人，易于记忆且更具传播力。

**数据支撑：** 尽管文案强调情感和故事，但也没有忽略用具体的数据来支撑其论点。比如其中提到的制造业产值、产品市场份额等数据，增强了文案的说服力和可信度。

**未来展望：** 文案不仅回顾了过去，还展望了未来，指出了首批综合性国家科技中心和首个国家实验室落户安徽的重要意义，以及这些设施对于推动安徽未来发展的作用。

**独特卖点：** 文案突出了安徽与其他省份不同的地方——即以科技为突破点拉动制造业发展，这为安徽树立了一个清晰的品牌形象，在众多地区中脱颖而出。

**简明扼要：** 在有限的文字内，文案高效地传达了信息。既包含了必要的背景介绍，又突出了重点，适合短视频这种快节奏的内容形式。

**流量密码：这段文案很好地平衡了情感表达与事实陈述，既能引起观众的兴趣，又能传递有价值的信息，非常适用于短视频平台推广安徽的发展成就。**

## 视频文案：徽州生意人特有的三种精神

什么叫徽商精神？我总结了一下发现，徽商商帮有三大核心精神，影响了中国 300 多年。

第一，为什么徽商的发源地是徽州？因为这个地方层峦叠嶂，山连着山，良田很少。明清时期，随着人口的膨胀，年轻人只有走出去才有活路，叫“前生不修，生在徽州，十三四岁，往外一丢”。所以徽州一些本地人就拼命往外闯，而且他们吃苦耐劳。胡适先生描述徽商为“徽骆驼”，能吃苦耐劳，所以我觉得徽商的第一种精神叫“韧商”。

徽商的第二种精神是“士商”。徽州从宋朝以来，私学私塾、书院特别多，徽州人特别重视教育，说读书不成再经商，“万般皆下品，唯有读书高”。每个孩子必须先读书，这就意味着所有的徽商学历都很高，都是读书人，那身上的大儒精神特别明显，所以我称之为“士商”。

第三种精神，所有的徽商特别懂得赚了钱以后感恩图报，回报社会，回报家乡，赚全世界的钱只为了回报家乡。我给你举个例子，联想的杨元庆带头投资家乡，成立的公司叫联保，现在是整个安徽制造业的天花板，是当地第一个年产值突破 1000 亿元人民币的企业，而且带动了 5 万人就业。在他的影响下，大量的徽商赚了钱后，回乡投资，懂得感恩。

您身边的徽商是不是也如我所讲的拥有这三种精神呢？

（发布于视频号：华红兵营销策划）

## 亮点提炼

**文化深度：**文案深入挖掘了徽商精神的历史渊源和核心价值，赋予内容深厚的文化底蕴，能够吸引对传统文化感兴趣的观众。

**情感联结：**通过描述徽商吃苦耐劳、“韧商”、重视教育的“士商”精神以及感恩图报的行为，成功建立了与观众的情感联结，特别是那些有深厚家乡情怀或敬佩企业家精神的人群。

**实例支撑：**引用胡适先生的描述及杨元庆的实际例子，增强了文案的说服力，使抽象的精神具象化，更易被理解和认同。

**互动提问：**以问题结尾，鼓励观众分享自己的经历或看法，有助于提高用户参与度，提升评论区的活跃和话题扩散。

**简洁有力：**尽管信息量很大，但文案保持了相对简洁明了的表述，适合短视频这种需要快速传达信息的媒介形式。

**流量密码：强调徽商积极的社会责任感和回馈社会的态度，传播了正面的价值观，有利于树立良好的品牌形象和社会形象。这段文案非常适用于短视频平台推广徽商文化和宣传安徽的投资环境。**

# 福建

## 山情海韵，人文荟萃

### 视频文案：福建人为什么这么会赚钱

在福建流传这样一句话："宁肯睡地板，也要当老板。"爱拼才会赢，成为每个福建人的精神状态。有中国人的地方，就有福建人。福建人带着自己的铁观音，喝遍了全世界，交遍了全世界的朋友，到世界各地去经商。

福建简称"闽"，你看这个"闽"字，不出门那就是一条"虫"，出了门就是一条"龙"。你肯定不知道这个低调的福建有多厉害。过去说福建地形是"八山一水一分田"，今天福建变成了宝地，成为中国最绿的省份，其森林覆盖率达到

66.8%，连续43年全国排名第一。

说到福建，那是人才辈出的地方啊！林则徐、林觉明、林长明、郭沫若、冰心、林徽因、陈景润，都是从福建走出来的。

福建人中真正敢拼敢闯的是莆田人。我去过莆田，城市不大，但是“莆田精神”真是特别令人敬佩。全国5万个民营加油站，有4万个掌握在莆田人手里；全国85%的民营医院、90%的木材交易和80%的珠宝市场都掌握在莆田人手里。

不过，莆田要是和泉州相比，那真是“小巫见大巫”啊！泉州的GDP连续23年全省排名第一。泉州在历史上曾是“世界第一大咖”，是联合国教科文组织唯一认证的海上丝绸之路的起点。我们今天熟知的很多运动品牌都来自泉州，安踏、鸿星尔克、361°、特步、匹克、贵人鸟等。泉州也被称为“男人的衣柜”，拥有利郎、劲霸、九牧王等服装品牌。

泉州就是中国运动鞋和服装品牌的集中地，如果泉州不生产运动服装了，那我们运动时穿什么呀？泉州就是这么厉害，你说我们该不该给福建人点赞？

（发布于视频号：华红兵说营销思维）

## 文案亮点

**引人入胜的开场：**以一句“宁肯睡地板，也要当老板”引入福建人的拼搏精神，迅速抓住观众注意力。

**文化符号的应用：**通过解读“闽”字的文化寓意，巧妙地将福建人的奋斗精神具象化，增强了内容的文化魅力。

**数据与事实支撑：**利用具体数据（如森林覆盖率、莆田和泉州的经济成就）来增强说服力，让观众对福建的实力有直观的认识。

**人物故事增添色彩：**列举多位杰出的福建名人，不仅丰富了内容层次，还提升了地域自豪感和认同感。

**幽默风趣的语言风格：**例如“不出门那就是一条虫，出了门就是一条龙”，以及对比莆田和泉州时的表达，使内容更加生动有趣，易于传播。

**情感共鸣与互动：**结尾处呼吁给福建人点赞，鼓励观众参与互动，有助于提高视频的分享率和评论活跃度。

**地区特色突出：**清晰展示了福建，尤其是泉州在制造业的重要地位，凸显了地区经济特色。

**流量密码：这段文案有效地结合了福建的文化、历史和经济特色，既富有教育意义又不失趣味性，非常适用于吸引观众并促进短视频平台上的传播。**

## 视频文案：最不会忘本的人是福建人

福建有1580万海外华侨，其中80%都住在东南亚。改革开放以来，整个福建引进的侨资项目达到3.6万亿元，实际利用的侨资超过了1000亿美元，这说明福建人从不忘本。

自古以来，福建人就喜欢在海外开枝散叶，但是即便出了国，成了华侨，福建人也保持着中国最好的传统。福建人走得再远，赚得再多，今天您也能看到，从宗族庙会到尊重祖先，他们一定会认祖归宗。

对于福建老板来说，赚再多的钱，他最大的成功也永远是回家修路、盖学校和修祠堂这三件事。

在中国近代史上，你会发现一旦国家有难，捐款最积极，毫无保留，没有私心的永远是福建华侨。他们远走他乡，是因为生活所迫，但是他们的家国情怀从来不会因为距离而有丝毫改变。

今天的福建也是一样，不管是走到欧美、中东，还是走到东盟，福建人在任何土地上创造的财富都是惊人的。福建人还在不断地往家里寄钱，给家乡投资，修桥、修路、修学校。

这就是福建人，永远不忘本的福建人。

（发布于视频号：华红兵说营销思维）

## 亮点提炼

**情感共鸣：**强调福建人“不忘本”的家国情怀，能够引发观众强烈的情感共鸣，特别是对于海外华人和具有深厚家乡情结的观众。

**数据支撑：**通过具体的侨资项目数量和金额等数据，增强了文案的可信度和说服力，让观众对福建人的贡献有直观的感受。

**文化传承：**描述了福建人保持中国传统习俗，如宗族庙会、尊重祖先等，凸显了文化的连续性和重要性，丰富了内容的文化层次。

**实例说明：**具体提及福建老板修路、盖学校、修祠堂的行为，以及历史上国家有难时福建华侨积极捐款的事迹，使抽象的精神具象化，更易引起观众的敬佩与认同。

**全球视野：**展示了福建人在世界各地的成功，同时不忘回馈家乡，这不仅体现了个人成就，也展现了群体的社会责任感，提升了福建人的正面形象。

**结尾升华：**以一句“永远不忘本的福建人”收尾，简洁有力地总结了全文的核心思想，既强化了主题，又给观众留下了深刻印象。

**流量密码：这段文案通过讲述福建人的家国情怀和文化传承，成功地塑造了一个正面且富有感染力的形象，非常适合在短视频平台上进行传播，并引起福建人的共鸣。**

# 甘肃

## 陇原大地，古韵流长

### 视频文案：甘肃是默默无闻最低调的一个省

甘肃是默默无闻最低调的一个省，在历史上为国家作了太多贡献。甘肃有中国创建最早、规模最大的综合性导弹卫星发射中心，咱们一发射卫星就想起的酒泉，就在甘肃。

甘肃是中国现代航空航天工业的摇篮，甘肃的资源储备超过全国 80% 的省份，庆阳的石油，白银的铜，嘉峪关的钢铁，还有“世界风口”之称的玉门，中国最大的硫化铜矿床基地，新中国第一个石油工业基地，中国最大的玉米种植基地，都在甘肃。甘肃不只有河西走廊，还有一条能源走廊。

甘肃还种出了全国76%的中药材，全国每五份中药中就有一份来自甘肃。全国五大蔬菜基地，甘肃就有两个，像永登的苦水玫瑰、民勤的蜜瓜、天水的花牛苹果、兰州的百合、陇西的黄芪、武都的花椒、定西的土豆宽粉，都是名闻全国的特产。

如果历史上没有甘肃，那么丝绸之路将不复存在，彩陶文化将不完整，黄河文明将缺失一大半，长城也将会缩短60%。中国56个民族，甘肃有55个；再加上沿着古丝绸之路传入的古希腊文化、印度文化、伊斯兰文化等外来文化，与甘肃兼容并蓄，促成了华夏文明的再次交融碰撞，造就了甘肃别具一格的风土人情。

（发布于视频号：华红兵金钥匙营销）

## 亮点提炼

**历史与现代结合：**文案巧妙地将甘肃的历史贡献（如丝绸之路、彩陶文化）与现代成就（如航空航天、能源走廊）相结合，展现了甘肃在不同历史时期的独特价值。

**强调资源丰富性：**通过列举丰富的自然资源（石油、铜、钢铁等）和农业特产（中药材、蔬菜基地、名特产品等），凸显了甘肃作为资源大省的地位，加深了观众对甘肃的了解。

**情感共鸣：**提到“默默无闻最低调的一个省”，能够引起观众对甘肃低调奉献的情感共鸣，增加了对甘肃的好感度。

**文化多样性：**强调甘肃的文化多样性，包括55个民族的存在以及多种外来文化的融合。展示了甘肃独特的风土人情，丰富了内容的文化内涵。

**具体实例支撑：**使用具体的例子（如酒泉卫星发射中心、永登苦水玫瑰、民勤蜜瓜等）来支撑文案中的主张，使描述更加生动可信，易于记忆。

**重要性突出：**通过说明如果没有甘肃，许多重要的历史文化遗产将会缺失，突出了甘肃在中国历史和文明发展中的不可替代的重要性。

**流量密码：这段文案成功地从资源、文化等多个角度，展示了甘肃的独特魅力和发展潜力，适用于短视频平台，能够吸引观众关注并促进文化传播。**

## 视频文案：最值得旅游的地方是甘肃

第一个理由就吸引您——便宜。在兰州，您住很好的酒店，价格不到100块钱，一碗牛肉面不到7块钱，全国平均消费水平，甘肃排名倒数第三。甘肃的物价低，挣的钱是有限的，但是您到了甘肃却能得到无限的快乐。

过“五一”的时候，甘肃瓜果飘香。这里的瓜果有黄河水的浇灌，土壤是沙土地，再加上日照时间长，使甘肃的水果成为全国最优质的水果之一。吃得好，是您整个旅行的关键。您到了甘肃兰州去吃牛肉拉面，跟在外地吃的牛肉拉面味道不一样，真是又地道、又便宜啊！

第二，甘肃除了大海，啥都有，旅游资源吊打全国80%的省份。为什么？您看甘肃有“天下第一雄关”嘉峪关、“天下第一石窟”莫高窟，还有月牙泉。更重要的是，甘肃很多旅游景点都免费开放。

第三个理由是，您到了甘肃，就有一种回家的感觉。为什么呀？甘肃人厚道，特别实在。比如您在兰州问路，当地人特别厚道实在，会领着您往前走，不像在别的地方问路，最多就用手一指。丝绸之路最重要的通道就在甘肃，您到了那儿才发现，随便一处名胜都有上千年的历史。甘肃在这方面不弱于西安。

所以今年“五一”去哪里？我推荐甘肃。

（发布于视频号：华红兵谈咨询）

## 亮点提炼

**性价比高：**强调甘肃旅游的经济实惠，通过具体例子（如酒店、牛肉面的价格）突出低成本、高回报的特点，吸引预算有限但追求极致体验的游客。

**美食诱惑：**描述甘肃独特的地理条件（黄河水浇灌、沙土地、日照时间长）造就了优质的瓜果和地道的兰州牛肉拉面，引起观众对美食的兴趣，增强了旅游吸引力。

**旅游资源：**指出甘肃拥有多种多样的自然景观和历史遗迹（如嘉峪关、莫高窟、月牙泉等），并提到许多景点免费开放，凸显其旅游资源的独特性和多样性，远超其他省份。

**人文关怀：**描述甘肃人的厚道实在，特别是当地人热情引路的行为，传递了一种温馨的人文氛围，使游客感受到家一般的温暖。

**文化底蕴：**提及丝绸之路的重要性以及甘肃名胜古迹的历史悠久，强化了甘肃作为历史文化重镇的地位，凸显了其旅游的文化价值。

**情感号召：**结尾处直接向观众发出邀请，建议今年“五一”前往甘肃旅游，明确表达了推荐意图，易于引发观众行动。

**流量密码：这段文案从经济、美食、自然景观、人文关怀及历史文化等多个角度，全面展示了甘肃的魅力，推广了甘肃的旅游资源。**

# 广东

## 岭南风情，繁荣开放

### 视频文案：广东人的伟大，历史书都装不下

历史书太小，装不下广东人的伟大。请看广东醒狮背后的故事。

各位知道，1932 年淞沪战役，广东是第一个出兵抗日的省份。粤军 90 万壮士出征，回来只剩下 3000 人。这份沉重的历史虽然没写入历史教科书中，但是我们应该记住，中国第一支与日军全面对抗的是粤军，将士们穿着草鞋跨越 2000 多公里，从广东奔赴上海抗日，领头的就是广东罗定的蔡廷

锴将军。

广东每个县都有烈士陵园，长眠于此的烈士们都是广东人的祖辈亲人。直到现在，在广东很多地方，基本家家门户上都挂着“光荣之家”的牌子。你看两广地区的地方卫视，一年到头就喜欢播放抗日题材的电视剧。广东的小朋友去哈尔滨游学，参观“侵华日军第七三一部队罪证陈列馆”时，有人还问他们：“你怎么穿鲜艳的红色衣服呢？”其实那套服装叫“红色醒狮服”。

你知道吗？广东的娃娃从小就接受爱国主义教育，每年学校都组织他们去烈士陵园扫墓。所以，当那些小朋友去看七三一罪证陈列馆时，他们才明白“少年强，则中国强”。中国曾被比喻为一头睡狮，是叫不醒的狮子。但是广东人却把它改成了醒狮，就是要唤醒民众，万众一心，实现民族复兴。

这一刻，我才知道广东人的伟大！

（发布于视频号：华红兵老师）

## 亮点提炼

**情感共鸣：**通过讲述广东人在抗日战争中的英勇事迹，特别是粤军90万壮士出征仅3000人归来的悲壮故事，能激发观众的民族自豪感和对英雄的敬意。

**历史深度：**强调了广东人在抗击外敌、维护国家主权方面的重要贡献，虽然这些故事未被广泛记载于教科书，但依然值得铭记，增强了内容的历史深度。

**文化传承：**提到“光荣之家”的牌子以及“爱国主义教育从小抓起”，展示了广东人如何将爱国精神代代相传，凸显了文化的连续性和重要性。

**具体实例：**引用蔡廷锴将军领导下的粤军参与淞沪战役的具体事例，使描述更加生动可信，易于引起观众的情感共鸣。

**特殊关联：**通过广东小朋友穿着红色醒狮服参观七三一罪证陈列馆的故事，将历史与现代相连接，体现了年轻一代对历史的理解和尊重。同时解释了“醒狮”背后的含义，即唤醒民众、团结一致，追求民族复兴，从而赋予传统符号新的时代意义。

**结尾升华：**以一句“这一刻，我才知道广东人的伟大！”作为总结，简洁有力地传达了全文的核心思想，给观众留下深刻印象。

**流量密码：这段文案成功地从多个角度展现了广东人的伟大精神和广东这片土地深厚的文化底蕴，非常适合在短视频平台推广和传播。**

## 视频文案：广东人没文化？完全错误！

网上经常听人说广东人有钱、没文化。真错了，说这话的人要不就是从没来过广东，要不就是对广东有深深的误解。

广东人比较低调，我今天就替广东人说出来，究竟广东人有没有文化。清华大学是不是中国最顶尖的高等学府？那你知道清华大学的创始人是谁吗？首任校长是广东人唐国安；北京大学的创始人是广东人梁启超；中国美术学院的创始人是广东人林风眠；中央音乐学院的创始人是广东人马思聪；北京电影学院的创始人是广东人陈波儿；上海音乐学院的创始人萧友梅是广东人，就连北京协和医院的创始人伍连德也是广东人。你知道世界上最大的大学城是哪一个吗？广州大学城，那是广东省的文化名片。广东人低调，但广东人真是“腹有诗书气自华”。

广东的美食文化造就了“食在广东”的美誉；广东的戏曲粤剧全国有名；广东的美术也是自成一派。广东还有商业文化、广府文化、海外文化、中医药文化等。岭南中医药，广东的煲汤都是世界一绝。你看北京人、上海人生了病以后往往先去看西医，广东人很少去北京、上海的大医院看病，因为广东中医药文化底蕴深厚。

所以，广东自古以来就是文化大省。

（发布于视频号：华红兵老师）

## 亮点提炼

**反击误解：**以反驳“广东人有钱、没文化”的常见误解为切入点，能够迅速吸引观众的注意力，特别是那些对广东存在刻板印象的人群。

**名人效应：**列举了多位广东籍的文化界、教育界名人及其成就（如清华大学创始人唐国安等），利用名人的影响力来证明广东的文化底蕴，增强了说服力。

**数据支撑：**提到广州大学城是世界上最大的大学城，这一事实增加了文案的可信度，并展示了广东在高等教育方面的实力。

**文化多样性：**强调广东不仅有丰富的美食文化，还有戏曲、美术、商业文化等多个领域的独特贡献，凸显了广东文化的多样性和深度。

**情感共鸣：** 通过描述广东人在中医药文化上的自信，以及“食在广东”的美誉，引起广东本地观众的情感共鸣，同时也让外地观众对广东产生更浓的兴趣。

**互动性暗示：** 虽然文案本身没有直接提出问题或呼吁行动，但其内容结构隐含了与观众互动的可能性。例如，可以引导观众分享自己对广东文化的了解或体验，提升评论区的活跃度。

**结尾升华：** 以一句“广东自古以来就是文化大省”作为总结，既强化了主题，也为视频提供了一个有力的结束语，有助于给观众留下深刻印象。

**流量密码：这段文案成功地将广东的文化特色和历史成就进行了生动呈现，适用于短视频平台推广，有望获得较高的观看量和互动率。**

# 广西

## 壮乡之美，秀甲天下

### 视频文案：这样的广西，你说牛不牛

你们知道广西有多牛吗？我经常去广西，广西简称“桂”，总面积23.76万平方公里，常住人口超过5000万，相当于两个韩国。广西还是我国少数民族人口最多的一个自治区。广西的产糖量连续28年居全国第一，世界上最先进的核电站在广西，中国水果产量第一的是广西，这个超乎所有人意料，很多人以为水果产量最高的是海南省，其实不是。

广西水质好，空气好，历史上水果品种就很多，再加上广西多山，不同的山，海拔不同，温度不同，能产出不同的水果。所以广西从亚热带到温带的各种水果都有。那些真正热爱水果的人到了广西，能实现100天吃水果都不带重样的。

全世界60%、全中国80%的茉莉花茶产自广西横州。著名的百色起义就在广西。广西还是中国的稀土之乡。论风景，不用讲了吧，桂林山水甲天下。

广西不但人杰地灵，山清水秀，而且是荣誉满载的地方。这样的广西，你说牛不牛？

（发布于视频号：华红兵讲营销）

## 亮点提炼

**反击误解：**文案以“你们知道广西有多牛吗？”开篇，挑战了观众对广西可能存在的认知局限，特别是对于其水果产量和少数民族文化多样性的低估，以此吸引观众继续观看。

**成就展示：**文案列举了广西在农业、能源（如世界上最先进的核电站、中国的稀土之乡）以及文化和历史上的重要成就（例如百色起义的发生地），以此提升地区形象。

**数据支撑：**文案提供了具体的数据点，比如广西的人口规模，产糖量连续多年全国第一，全世界 60% 的茉莉花茶出自横州等信息。这些都增强了文案的说服力，并且让观众对广西有了更直观的认识。

**文化多样性：**通过描述广西丰富的水果种类，从亚热带到温带的各种水果都能找到；提及广西是我国少数民族人口最多的自治区，强调了广西的文化多样性。同时，还提到了广西的自然风光和水质、空气质量的优势，侧面展现了广西在生态保护方面的成就。

**情感共鸣：**文案中的“实现 100 天吃水果都不带重样的”一句，生动地描绘了广西水果的丰富程度，容易引起水果爱好者的共鸣；而“桂林山水甲天下”的表述，则是对广西美景的高度概括，能够引发观众对旅行和探索的渴望。

**互动性暗示：**文案中充满了对广西各种特色的赞美，隐含着邀请观众分享他们对广西的看法或经历的可能性，鼓励评论和讨论，从而增强视频的互动性。

**结尾升华：**文案以问句“这样的广西，你说牛不牛？”结束，不仅总结了全文，还用一种轻松幽默的方式强化了主题，激发观众的好奇心和自豪感，给人留下深刻印象。

**流量密码：这段视频文案通过一系列令人瞩目的数据和事实，凸显了广西在农业、历史、文化和自然景观等方面的独特魅力。幽默的语言风格和情感共鸣，使内容更加亲切生动，成功吸引了观众的兴趣，提升了广西的形象。**

## 视频文案：广西人不得不爱广西

广西人不得不爱广西的四个理由。

第一，广西的水质位居全国前列。广西一共14个地级市，就有10个城市进入了全国水质最好的前三十名城市，包括柳州、河池、崇左、百色、桂林、南宁、来宾、梧州、贺州、贵港。最难得的是柳州，柳州是广西最大的工业城市，水质居然排名全国第一。

第二，广西是长寿之乡。全国的长寿之乡，一共有82个，其中就有29个在广西，几乎占了全国的三分之一。金山银山，真的不如寿比南山，那广西人为什么长寿呢？跟一个指标有关——广西的空气。到了广西，一下高铁，闻着广西的空气都是甜的，好像里边放了糖，难怪广西人爱种甘蔗，那甜甜的空气里面充满的是甘蔗的味道，还是氧气的味道呢？

第三，广西美食。咱们都知道广西的特色美食是桂林米粉和柳州螺蛳粉，但你不知道的是广西的每一个城市都有自己的特色菜。阳朔的啤酒鱼你听说过吗？梧州的纸包鸡你听说过吗？广西有太多让人流口水的美食。

第四，有利于年轻人。年轻人请注意，广西是全国收彩礼最低的地方，娶一个广西女孩，她有可能“倒贴”，当地风俗就这样。我觉得广西女孩长得又漂亮，还能歌善舞，真是特别好！

您觉得热爱广西的四个理由够不够？

（发布于视频号：华红兵谈咨询）

## ✦ 亮点提炼

**数据驱动：**以具体数据作为支撑（如水质排名、长寿之乡数量），增强可信度和说服力，吸引对健康生活有兴趣的观众。

**情感共鸣：**通过描述甜甜的空气和丰富的美食，触动观众的感官与情感，特别是对于喜欢追求自然美景和美食体验的人群来说极具吸引力。

**文化特色：**强调地方文化和风俗习惯（如低彩礼习俗），既展现了广西的独特魅力，又能引发年轻群体的兴趣，尤其是未婚男女或对不同文化感兴趣的观众。

**互动性暗示：**文案结尾用“您觉得热爱广西的四个理由够不够？”这样的问题设置，能够提升评论区的讨论，提高用户参与度。

**热点话题：**结合了当前社会热点话题（如环境保护、健康养生、婚姻习俗等），有助于增加视频的曝光率和传播范围。

**结尾升华：**以提问的方式结束，不仅总结了全文内容，还留下了思考空间，鼓励观众分享自己的看法，进一步推动二次传播的可能性。

**流量密码：这段文案巧妙地融合了理性分析与感性表达，非常适用于短视频平台推广，能收获较高的观看量和互动率。**

# 贵州

## 黔山秀水，仙气浓浓

### 视频文案：仙气浓浓的地方在贵州

只有神仙才能造出贵州这样独特的气候，好山好水。吃得好、睡得好，无忧无虑，没有烦恼，这才叫真正的神仙。

贵州人过的就是神仙生活，每天喝一口神仙酒，喝一杯神仙茶，都匀的毛尖茶，再尝一碗酸汤鱼，真是逍遥自在。贵州还有神仙辣椒——老干妈辣椒，有神仙的消炎药——折耳根和刺梨汁。天麻、杜仲和灵芝，又是贵州的三大“神宝”。

我们过去说贵州是经济的洼地，但实际上，贵州拥有只有神仙才能创造出的独特气候和好山好水。刘伯温曾经预言“江南千条水，云贵万重山，五百年后看，云贵赛江南”，那云贵怎么赛江南呢？比如说工业发展，赛不了江南；经济发展，也不如江南；恰恰是人家云贵地区保留了好山好水，变成了金山银山。

今天，当酷暑难耐如火烤的时候，你会想到贵州的可贵。你发现这个地方是避暑的胜地。全球气候逐渐变暖，天气越来越热，我们往哪儿逃呢？我们有个靠山，这个靠山就在云贵高原，这地方真是神仙留给我们的一块福地。

（发布于视频号：华红兵营销策划）

## 亮点提炼

**情感共鸣与意境营造：**文案以“仙气浓浓的地方在贵州”为主题，描绘了一幅神仙生活的画卷。通过描述贵州的独特气候、美食（如酸汤鱼、毛尖茶）和天然药材，触动观众对理想生活的向往，容易引发情感共鸣。

**文化元素融入：**巧妙地将贵州的地方特色产品（如老干妈辣椒、折耳根、刺梨汁等）以及传统药材（天麻、杜仲、灵芝等）

融入其中，既展现了贵州丰富的物产资源，又宣传了地方文化，增加了内容的文化深度。

**历史预言引用**：引用刘伯温的预言“云贵赛江南”，结合现代社会背景下的生态环境优势，为贵州的价值提供了历史与现实的双重支撑，增强了说服力。

**热点话题关联**：将贵州定位为避暑胜地，并联系全球变暖这一热点话题，突出了贵州作为生态避难所的重要性，吸引了对环境变化敏感的观众群体。

**互动性暗示**：文案结尾处提出了一个问题——“酷暑我们往哪儿逃呢？”隐含着邀请观众思考并讨论的可能性，有助于提升评论区的活跃度。

**流量密码：这段文案成功地将贵州的独特魅力与现代生活方式相结合，适用于短视频平台推广，预期能够吸引大量关注并促进用户参与。**

## 视频文案：贵州凭什么成为未来之都

贵州穷了 500 年，但贵州被称为未来之都。明朝刘伯温曾经预言“五百年后看，云贵赛江南”。

过去你可能不信，那个地方穷啊，但今天就连马云都说，贵州是未来中国最富的地区。如今贵州的 GDP，连续三年都是全国增速第一，它现在已经成为全球最大的数据中心。

为什么贵州占尽天时、地利、人和，成就未来之都呢？先说它占尽天时，贵州是天选之地啊，它完美避开了地震、台风和洪涝灾害，奇怪不？这地方就是福地，这里的环境特别适合存放大数据的服务器，因为大数据高速运转的服务器发热量很大，服务器维修费几乎占了大数据服务器运营成本的 60%，放眼全国年均温度在 20 摄氏度的只有贵州啊。你看美国，它就没有贵州这样的天选之地，只能把服务器丢到大海里，光每年的维修服务费成本就很高。

我们再看看地利，贵州是“西电东输”的主战场，由于多山，多河，多瀑布，贵州的水资源在全国排名第六。所以贵州就有电，就有能源来支持大数据运营。

第三，我们提一下“人和”。你看 2024 年江南如火烤，但是贵州作为中国的天然空调，气候宜人，大家都来贵州了，似乎今年的流行话题就是去贵州避暑。今天我终于明白了，你赚钱不就是为了快乐吗？快乐就来自贵州的好山好水。

贵州的好山好水，历经500年，变成了今天的金山银山，贵州也成了全国最亮眼的省份之一。占尽天时、地利、人和的贵州，凭什么不是未来之都呢？为贵州点赞！

（发布于视频号：华红兵谈咨询）

## 亮点提炼

**历史预言与现代成就结合：**引用刘伯温的预言“五百年后看，云贵赛江南”，并结合马云对贵州未来的看好，将历史智慧与现代发展成就相结合，增强了话题性和可信度。

**数据支撑与趋势引领：**提到贵州连续三年GDP增速全国第一，并已成为全球最大的数据中心。以具体数据和事实为依据，展示了贵州在新时代经济转型中的领先地位，吸引了关注科技与经济发展趋势的观众。

**“天时、地利、人和”三要素分析：**通过解析贵州占尽天时（适宜的大数据服务器存放环境）、地利（丰富的能源资源支持大数据运营）和人和（成为避暑胜地），全面展现了贵州发展的综合优势，逻辑清晰且具有说服力。

**热点话题关联：**联系当前全球气候变暖、避暑需求以及大数据产业等热门话题，使内容更具时效性和讨论价值，容易引发观众的共鸣及分享欲望。

**情感共鸣与认同感：**描述贵州的好山好水变成金山银山的过程，强调快乐生活的来源，激发观众对于美好生活的向往，同时也增强了对贵州作为未来之都的认同。

**互动性暗示：**结尾处提出问题“凭什么不是未来之都呢？”并呼吁点赞，鼓励观众参与评论和互动，促进视频的二次传播。

**流量密码：这段文案巧妙融合了理性分析与感性表达，适用于短视频平台推广。视频发布后获得了较高的观看量和互动率，有助于提升贵州的城市品牌形象。**

# 河北

## 燕赵古韵，京津门户

### 视频文案：都说河北穷，但河北真的很牛

都说河北穷，我身为河北人，我告诉你河北很牛。

有人说河北不行，你看它的经济干不过天津，交通干不过湖北，轻工业干不过上海，政治上它肯定不如北京厉害。河北在很多方面都不如深圳，最近连合肥都超越了石家庄。外地人认为河北就是北京的护城河，它的存在感极低。河北新闻联播的开头画面是北京和天津的地图，看着都比河北省耀眼。

但是我今天要告诉你河北有多牛，你根本不了解河北。你知道吗？河北有世界上现存最早、保存最完整的石拱桥——赵州桥；河北有中华第一塔——开元寺塔；河北有世界第一巨石——赤城滴水崖；河北有第一条中国人自建的铁路——京张铁路；河北有世界上唯一的一座 3000 年都没有换过名字的城市——邯郸。你知道邯郸吗？《中华大词典》里面四分之一的成语都出自邯郸，邯郸是名副其实的“成语之都”。河北还有天下第一关——山海关。

河北有中国近代第一所真正意义上的陆军学校——保定陆军学校；有中国历史上最悠久的王陵——赵王陵；还有现今保存最完整、规模最大的皇家园林——承德避暑山庄。今天避暑，大家总想着去东北，总想着去云贵川，你却忘了我们老家河北有个地方，是皇上去避暑的地方，皇上选的地方，保准没错。承德避暑山庄那一带你知道多冷吗？我夏天过去时，晚上睡觉甚至需要盖厚被子。

中国有个很神奇的地方就是河北。河北人杰地灵，人才辈出。你看！秦始皇、刘备、赵云、魏征、纪晓岚、华红兵，都是河北人。

除此之外，河北跟北京地缘、人缘天然紧密。毫不夸张地说，河北就是北京的“亲密爱人”。河北为了首都，能舍弃一切，舍得给地，舍得给物，舍得付出。北京的首钢，出于环保考虑来到我们河北，河北的工业产值上去了，我们心甘情愿。

河北人舍得，河北人坦诚，河北人忠诚。你要相信河北一定会强大起来，河北一定会富裕起来，河北一定会牛起来。

我为河北点赞，为家乡代言！

（发布于视频号：华红兵营销咨询大师）

## 亮点提炼

**情感共鸣与身份认同：**通过“身为河北人”的视角讲述，增强了观众的情感共鸣。特别是对于河北籍观众来说，能够激发其强烈的家乡自豪感和身份认同感。

**反击误解与正名：**针对外界对河北经济实力和发展水平的质疑，文案采取了直接反驳的方式，列出多个历史文化遗产和重要地标（如赵州桥、开元寺塔、山海关等），以及名人出身（秦始皇、刘备、纪晓岚等），有效地为河北正名。

**事实支撑：**提及具体的历史成就和文化遗迹，并强调河北与北京、天津紧密的地缘关系以及在环保搬迁中的贡献，以实际案例说明河北的重要性，增加了说服力。

**热点话题关联：**结合当前社会关注的环境问题和区域协调发展议题，讲述了河北为了首都所做的牺牲与付出，容易引起公众的讨论和社会责任感。

**互动性提示：**文案结尾处呼吁点赞和支持，鼓励观众参与互动，促进视频的分享和传播。

**结尾升华：**以一句“我为河北点赞，为家乡代言！”作为总结，既强化了主题，也表达了对河北未来发展的信心，给观众留下深刻印象。

**流量密码：这段文案成功地将河北的历史文化底蕴与现代社会角色相结合，适合作为城市形象推广的内容。视频发布后，在短视频平台上获得较高的观看量和互动率。**

## 视频文案：两个原因注定河北未来一定火

河北未来会大热吗？我觉得河北真正的热点是两个：第一，河北的文化，河北真的是文化大省。河北真正有底蕴的一个城市，叫邯郸。邯郸，3000年没改过名字，而且邯郸是成语的故乡，产生了1584个成语，大约占咱们国家整个成语总数的16%，比整个河北省生产的钢材占全国钢材的比例都要高。负荆请罪、围魏救赵、三寸不烂之舌……那么多成语都是产自河北邯郸的，对于河北来说，文化是块宝啊。

邯郸有1584个成语，咱们就讲述1584个故事，如果每天用短视频讲一个故事，邯郸火，河北就火了；邯郸火，中原地区都会火，那附近的河南、山西、山东都会跟着一起火。像这些，我觉得就是文化名片。

我觉得河北的第二个热点，是河北人的热情好客，忠诚可靠。河北历史上都没出现过坏人，好像都是好人。可能是我太热爱家乡的缘故。河北人忠诚，我就觉得3000年来，我给他一个称呼叫忠诚。荆轲刺秦王，荆轲是哪人？河北人；完璧归赵的蔺相如，蔺相如是哪人？河北人。“燕赵多慷慨悲歌之士”，为什么叫慷慨呢？对人慷慨；为什么叫悲歌呢？为了自己的朋友，他可以两肋插刀。

河北人就是这样的，我觉得把河北人这种性格特征展示出来，再加上河北的文化才是真正河北的特征，要比河北的那点风景更有优势。文旅真正比拼的不是风景，而是文化。

（发布于视频号：华红兵品牌营销）

## 亮点提炼

**文化深度与故事性：**强调河北尤其是邯郸的文化底蕴，指出其拥有占全国16%的成语资源。通过“每天用短视频讲一个故事”的构想，将文化转化为持续的内容输出，既增强了话题性和可看性，也为系列化内容创作提供了方向。

**情感共鸣与认同感：**以河北人的性格特征——热情好客、勇敢忠诚为核心，结合历史人物（如荆轲、蔺相如）的故事，增强了观众的情感共鸣。特别是对河北籍观众而言，能够激发他们强烈的家乡自豪感。

**热点话题制造：**提出“两个原因注定河北未来一定火”，设置悬念吸引关注。并通过具体的文化和人文特质解释这一预测，容易引发讨论和分享。

**文旅新视角：**主张文旅真正比拼的是文化而非风景，这一观点新颖独特，能够吸引对文化旅行感兴趣的特定群体，同时也为河北旅游提供了一个新的宣传角度。

**数据支撑：**引用具体数字（如1584个成语、占比16%），使文案更加可信且具有说服力，有助于建立文化权威形象。

**结尾升华：**总结河北的文化优势和人民的性格特征，强化主题，给观众留下深刻印象，同时呼吁大家关注和支持河北的发展。

**流量密码：总体而言，这段文案巧妙地将河北的历史文化与人文精神相结合，适合作为短视频平台上的推广内容，能有效提升河北的城市品牌形象并获得较高的用户参与度。**

# 河南

## 中原古韵，文化悠远

### 视频文案：河南有三宝，创吉尼斯世界纪录

我认为河南有三大宝啊，你看你是否同意。

第一宝是庙会。这个很多人不知道，真正的河南人知道啊。你说华哥你怎么知道呢？因为我老家是河北南部，紧挨着河南，所以有人说河南不好，我急。我从小说河南话，吃河南菜，听河南豫剧长大。河南的庙会是中国庙会的天花板，是儿童的天堂。小时候要是能赶一次庙会，那是一生中永久的回忆。今天，河南还保持这个庙会的传统文俗啊。

第二宝是河南豫剧。我觉得河南豫剧具备成为“国粹”的三个条件。第一个，豫剧流传地区最广。河北、山西南部、陕西东部、安徽北部、山东西部，还有河南全省都会唱豫剧，豫剧流传甚广。第二个，豫剧根植于民间，才真正具有生命力，能活得很久。第三个，河南豫剧好唱。河南豫剧的语言就是河南话，走到哪儿都听得懂。你说这奇怪不？改革开放以后，我们才知道广东人说粤语，用粤语唱歌，粤语歌也从此风行了十几年。大家可能不知道，用河南话演唱的豫剧可是风行了3000年。河南人说话，祖国任何一个角落的人基本都能听得懂。

第三宝是河南的中医药。我们要说中医药的根在河南。李时珍创作《本草纲目》时，大多数时间都生活在河南，医圣张仲景就出生在河南。现在中医在河南遍地开花。可以说很多省份对待中医都没有像河南这么重视。河南人是那么坚守中国的中医，中国的文化，所以我力挺河南！

我刚才说的河南三宝，你觉得中不中啊？

（发布于视频号：华红兵移动营销）

## 亮点提炼

**情感共鸣与身份认同：**通过讲述个人经历（如从小说河南

话、吃河南菜、听豫剧长大），增强了观众的情感共鸣。特别是对河南籍观众或熟悉河南文化的观众来说，能够激发其强烈的认同感。

**突出独特亮点：**将“庙会”“豫剧”和“中医药”定位为河南的三大宝，并详细解释其独特之处。如庙会的传统魅力、豫剧的广泛流传和旺盛的生命力以及中医药的文化根基，使内容具有高度辨识度。

**争议性话题制造：**提出河南豫剧具备成为“国粹”的三个条件，并与京剧进行对比，容易引发讨论和辩论，从而增加视频的曝光率和互动量。

**数据支撑与事实依据：**提供具体的事实依据（如豫剧流传地区最广、李时珍创作《本草纲目》时主要生活在河南等），增强了说服力和可信度。

**互动性暗示：**以问题结尾“你觉得中不中啊？”鼓励观众发表意见，提升评论区的活跃度，有助于形成社区效应。

**文化自信展示：**强调河南深厚的文化底蕴和人民对传统文化的坚守，不仅展示了地方特色，还传达了文化自信，吸引对传统文化感兴趣的观众群体。

**热点话题关联：**结合当下对中国传统文化复兴的关注，尤其是中医药的重要性，使得内容更加贴合时代背景和社会发展趋势。

**流量密码：这段文案巧妙地融合了情感表达与理性分析，适合作为短视频平台上的推广内容。视频播出后反响热烈，有效提升了河南的文化形象并获得较高的用户参与度。**

## 视频文案：最宠员工的三位老板为什么都是河南人

河南人真的了不起，河南诞生了全国最好的三位老板。

第一个是河南矿山起重机集团的老板崔培军，天下有几个老板不愿意自己挣钱多，而希望员工挣钱多呢？崔培军值得称赞，他最喜欢给员工发钱，看到员工数钱，那种感觉，他心里乐，这是真正有良心的老板。他愿意让自己的员工赚到钱。

第二个是胖东来的老板于东来，你看营业额200亿的时候，他的利润只有2个亿。因为他对员工太好，他生怕员工不赚钱，很多超市根本不明白这个道理，就怎么样才能让顾客被服务得好呢？给员工足够的钱啊，你对员工好，员工就会对顾客好。很多人不明白这样一个管理企业的朴素的道理。

第三个是白象集团的董事长姚忠良，他拒绝日本入资白象集团，而且他雇的工人三分之一都是残疾人，同工同酬，非常平等。你想对残疾人都这么好的老板，那肯定是有良心的老板。

以上三位好老板都在河南，河南人真的了不起。

（发布于视频号：华红兵移动营销）

## 亮点提炼

**情感共鸣与正能量：**通过介绍三位具有社会责任感的企业家——崔培军、于东来和姚忠良，展现了河南企业家的正面形象和对员工的关怀，传递了积极向上的价值观，容易引发观众的情感共鸣。

**独特卖点突出：**强调这些老板与众不同的经营理念（如高薪待员工、拒绝不良投资、雇佣残疾人等），突出了河南企业家的社会责任感和道德操守，为河南树立了良好的商业形象。

**故事性与人物塑造：**通过对具体人物及其事迹的描述，增加了内容的故事性和人物立体感，使观众更容易记住并产生兴趣。

**互动性暗示：**结尾处总结“河南人真的了不起”，隐含着邀请观众发表看法的可能，提升评论区的活跃度。

**数据支撑与事实依据：** 提供具体的经营数据（如胖东来的营业额和利润）以及企业实践（如白象集团雇用残疾人员工），增强了说服力和可信度。

**文化自信展示：** 不仅展示了现代河南企业家的精神风貌，也间接反映了河南深厚的文化底蕴和社会责任感，提升了地方文化的自豪感。

**热点话题关联：** 结合当前社会对企业社会责任的关注，特别是对员工福利和多元化就业的支持，使得内容更加贴合时代背景和社会趋势。

**流量密码：这段文案成功地将河南企业家的社会责任感和个人魅力相结合，有效提升了河南的形象，并获得较高的用户参与度。**

# 湖北

## 楚风汉韵，江城秀色

### 视频文案：发现湖北人具有五大优点

我接触了很多湖北人，总结出湖北人的五大优点。

第一，湖北人会看准风口，顺势而为，像雷军造新能源汽车。

第二，湖北人的创新意识非常强。

第三，湖北人很豪爽，广交朋友。湖北地理位置优越，交通便利，造就了湖北人开朗豪爽的性格。

第四，湖北人懂得感恩。你看武汉那些大学，他们相互比赛的是，哪一所大学的校友捐款最多，所以湖北人特别团结。尤其是从湖北武汉高校走出来的毕业生，他们都懂得将来赚了钱以后，再回报母校。

第五，湖北人非常注重教育。湖北人不管是穷还是富，在历史上都把教育放在首位。所以湖北人的个人道德修养都特别高。

这就是最牛的湖北人。

（发布于视频号：华哥哥聊商业）

## ✦ 亮点提炼

**情感共鸣与认同感：**通过总结湖北人的五大优点，激发了湖北籍观众的自豪感和归属感，同时也让其他地区的观众对湖北人产生好感和尊重。

**名人效应与成功案例：**以雷军等知名人物作为成功案例，增强了说服力，并展示了湖北人在创新和创业方面的卓越成就，吸引对商业和技术感兴趣的观众。

**地域优势突出：**强调湖北地理位置优越，是南北东西交通枢纽，解释了湖北人豪爽、广交朋友的性格特点，突出了地理优势对人文性格的影响，增加了内容的可信度。

**社会价值观传递：** 展现了湖北人注重教育，拥有感恩之心，传递了正向的社会价值观，容易引起广泛的情感共鸣。

**互动性暗示：** 以问题“这就是最牛的湖北人”结尾，隐含着邀请观众分享自己或身边湖北人的故事，提升评论区的活跃度和用户参与度。

**数据支撑与事实依据：** 虽然没有具体的数据，但通过描述武汉高校之间的捐款竞争等实例，使内容更加生动且具有说服力。

**文化自信展示：** 强调湖北人对教育的重视，间接反映了其深厚的文化底蕴和社会责任感，能有效提升对地方文化的自豪感。

**流量密码：这段文案巧妙地将湖北人的优秀品质与地方特色相结合，视频发布后收获巨大流量，有效提升了湖北的形象，并赢得较高的用户参与度。**

## 视频文案：原来湖北深藏了这么多故事

湖北原来深藏了这么多故事，你也许聆听过动人心弦的《高山流水》，却未曾见过琴台的芳草萋萋；也许你早就将《洪湖赤卫队》熟记于心，但却不曾亲手触及夏日洪湖的“接天莲叶无穷碧”；也许你听过，太极十三式的鼎鼎大名，却未曾目睹武当之巅的云卷云舒；也许你领略过扬子江畔的恢宏壮阔，却不曾亲临天堑变通途的长江第一大桥。“朝辞白帝彩云间，千里江陵一日还”，这是李白对湖北山河的描述。

您对湖北的印象如何？您是感叹长江三峡的雄伟壮丽，还是惊奇于神农架原始风光的神秘？是震撼于唐诗的浪漫，还是回想起浪漫主义爱国诗人屈原所著的《离骚》呢？

湖北是一个越探索，越值得骄傲的地方！

（发布于视频号：华哥哥聊商业）

### 亮点提炼

**情感共鸣与文化深度：**通过引用经典文艺作品（如《高山流水》《洪湖赤卫队》与李白的诗句）和历史名人（如屈原），增强观众的情感共鸣，展示了湖北深厚的文化底蕴。

**视觉吸引力与场景描绘：**生动描绘了琴台芳草、洪湖莲叶、武当之巅云海等美景，结合视频画面，能极大提升视觉冲击力，吸引对自然风光和文化遗产感兴趣的观众。

**互动性暗示：**提出问题“您对湖北的印象如何”，鼓励观众分享自己的体验或感受，提升评论区互动，增加用户参与度。

**热点话题关联：**结合了自然景观（如长江三峡、神农架）、历史文化（如唐诗、屈原）等热门话题，使内容更贴合大众的兴趣点，易于引发讨论和传播。

**探索欲望激发：**强调“湖北是一个越探索，越值得骄傲的地方”，激发观众的好奇心和探索欲，促使他们进一步了解湖北的魅力。

**地理与人文融合：**将湖北的自然景观与人文故事紧密结合，不仅展示了美丽的风景，还传达了背后的文化价值和社会意义。

**流量密码：这段文案巧妙地融合了情感表达与理性分析，非常适合成为短视频平台上的推广内容。同时，它也能够吸引观众前往湖北实地探访，推动当地旅游业的发展。**

# 湖南

## 湘江悠悠，岳麓钟灵

### 视频文案：湖南不大，却牛得可怕

你知道湖南有多牛吗？湖南是中国最能吃辣椒的一个省份，也是中国最能吃苦的省份之一。

自古以来，这个地方就人才辈出，伟大领袖毛主席是湖南人；十大开国元帅，湖南占了 3 个；十大将军，湖南占了 6 个；57 个开国上将，湖南占了 19 个。彭德怀、贺龙、罗荣桓、粟裕、黄克诚、陈赓、谭政都是湖南人，湖南就爱出英雄。湖南人用智慧和勇敢，双轮驱动，造就这么多英雄，他们带领我们一起走入了新中国。

湖南人不仅能打，还充满了艺术气息，沈从文、齐白石都是湖南人。湖南人不仅有优秀的人才，还有很多个“中国第一”。中国第一个国家级森林公园张家界、中国四大书院之首岳麓书院、中国四大名楼之一的岳阳楼、中国五岳之一的南岳衡山、中国五大淡水湖之一的洞庭湖、中国最美古镇凤凰古镇等。可以说诗情画意在湖南。湖南辣妹子热情开朗、勤劳能干，肤白貌美，人见人爱。所以湖南人乱世不怕打仗，穷时不怕打工，湖南人可以为了朋友掏心窝子。

你知道湖南还有哪些地方更牛吗？

（发布于视频号：华红兵品牌营销）

## 亮点提炼

**情感共鸣与自豪感：**通过列举湖南在军事、艺术等领域的杰出人物（如毛泽东、彭德怀、齐白石等），激发了湖南籍观众的强烈自豪感，并让全国观众对湖南产生敬意。

**数据支撑与事实依据：**引用具体数据（如十大开国元帅和将军的数量、57 个开国上将中的比例），增强了说服力，展示了湖南在历史上的重要贡献。

**文化多样性展示：**不仅强调了湖南人的勇敢和吃苦精神，还突出了其艺术气息（如沈从文、齐白石等）及自然人文美景（如张家界、岳麓书院、岳阳楼等），展现了丰富的文化层次。

**互动性暗示：**以问题“你知道湖南还有哪些地方更牛吗？”结尾，鼓励观众分享自己所知道的湖南特色或故事，提升评论区互动，增强用户参与度。

**热点话题关联：**结合当前社会对英雄人物、历史文化名胜的关注，以及对美食文化和美丽风景的兴趣，使内容更具吸引力和讨论价值。

**人性化描述：**特别提到“湖南妹子”这一形象，用“辣妹子，肤白貌美，人见人爱”这样生动的描绘，增加了内容的情感温度，容易引起广泛共鸣。

**流量密码：这段文案成功地将湖南的历史成就、文化底蕴和人文精神相结合。视频播出后在全网获得了很好的流量，有效提升了湖南的形象并获得较高的用户参与度。**

## 视频文案：湘菜改变国人的味蕾，未来只会更火爆

湘菜已经成为国民菜首选。如果说你下次创业，应该从哪儿突破？湘菜。我这回真的去实践了一下，我站在上海的一个地铁口，在美团搜索，方圆1公里范围内居然有54家湘菜馆，到了北京大悦城，那里边都是湘菜馆。都说食在广州，我在广州花都测试了一下，周围60%都是湘菜馆。更恐怖的是，深圳外来人口中的30%是湖南人，而且深圳湘菜馆的数量远远超过在全国都独领风骚的川菜馆，居整个深圳菜馆数量第一位。

现在湘菜馆的增长率是全国第一，为什么它这么厉害呢？它遵循了三个营销规律：

第一，湘菜已经成为国民菜首选。它非常契合当下的火辣时代，如今很多人都喜欢吃辣的，湘菜那个辣椒正好赶上这个时代了。

第二，单品做到极大值，湘菜就靠3个经典菜。我告诉你，剁椒鱼头、小炒黄牛肉、辣椒炒肉。这3个名菜，不管在哪儿吃到，都代表了湘菜。其实一个菜馆只要有一两个名菜，人们就乐意去吃，况且它有3个名菜嘞，哪一个菜都很下饭，那真好吃啊。

第三个原因就是标准化，所谓的标准化就是真正具有湘菜本身的味道。

我们过去都是说粤菜、川菜、鲁菜，你们谁能想到，今天的湘菜异军突起，成为国民菜的首选。

（发布于视频号：华红兵谈咨询）

## 亮点提炼

**数据支撑与事实依据：**通过具体的数据（如上海、北京、广州等地湘菜馆的数量，以及深圳外来人口中30%为湖南人），增强了说服力，展示了湘菜在全国范围内的流行程度。

**热点话题关联：**结合了当前饮食趋势（喜欢吃辣）以及疫情后餐饮业的恢复情况，使内容更加贴合现实背景和社会关注点，吸引对美食和创业感兴趣的观众。

**情感共鸣与认同感：**强调湖南人热爱家乡的情感，描述逢年过节回乡的场景，容易引起湖南籍观众的强烈共鸣，并让其他地区的观众对湖南人的精神风貌产生好感。

**成功案例展示：**以具体的营销规律（契合火辣时代、单品做到极大值、标准化）解释湘菜的成功之道，提供了可借鉴的经验，特别是对于有意创业的人来说具有吸引力。

**展示文化自信：**不仅展示了湘菜的独特魅力，还反映了湖南人在外打拼的精神面貌，提升了湖南人的文化自豪感。

**幽默元素：**使用轻松幽默的语言，增加了视频的趣味性和记忆点，有助于提升观看体验和传播率。

**流量密码：这段文案巧妙地将湘菜的流行趋势与湖南人的奋斗精神相结合，适合作为短视频平台上的推广内容，能有效提升湘菜的品牌形象并获得较高的用户参与度。**

# 江西

## 江右物华，商贾通衢

### 视频文案：下一个崛起的省份将是江西

下一个发达的省份，会落到谁身上？我觉得是江西。

在过去1000多年的时间里，江西都是南方最富裕的省份，你看江西的景德镇，生产的是china（瓷器）。江西最早富裕，而且富了1000多年，我有诗为证哦，唐朝诗人王勃所写的《滕王阁序》里面怎么说的“星分翼轸，地接衡庐”“物华天宝”“人杰地灵”。说明江西这个地方是物产丰富，而且人才辈出的地方。

从唐朝一直到宋朝，甚至到明朝，人家江西就是富，为什么？深层原因，是因为江西水陆运输发达。但是命运转折就发生在太平天国运动，最后把太平天国运动剿灭下去的是湘军。打仗的主战场在江西，把江西打个稀巴烂，而湘军们修建的铁路却从湖南走了，江西没落着。

一直到1996年，京九铁路路过江西的时候，江西才通了火车，那时候晚了。所以江西正是在这100年里，错过了最好的发展机会。

但是为什么说江西是下一个热点？拥有潜力的都是后发力成功。不像湖南，你看湖南力量用得差不多了，湖南铁路修了，湖南现在娱乐业也很发达，三一重工都在长沙，而且湖南人，是把自己的湘菜，走到哪儿带到哪儿。

但是我跟你讲，下一个崛起的是江西菜。瓦罐煨汤，南昌米粉，这些都是尚未流行起来的，还没有全面推广的。江西不仅有美食，江西现今整个工业的调整，越来越趋于现代化，江西的发达指日可待。

（发布于视频号：华红兵金钥匙营销）

## 亮点提炼

**历史底蕴与未来潜力结合：**通过回顾江西在古代的辉煌

（如景德镇瓷器、《滕王阁序》），将历史上的繁荣与未来的潜力相结合，增强了说服力和话题性。

**情感共鸣与认同感：**讲述江西因历史事件（太平天国运动）而错失发展机会的故事，激发观众对江西的同情和支持。特别是对于江西籍观众来说，能引起强烈的情感共鸣。

**事实依据：**提及具体的历史事件（如京九铁路的开通时间）和发展现状（工业调整、现代化进程），使内容更具可信度，并展示了江西正在崛起的趋势。

**热点话题关联：**结合当前社会对地方发展的关注，尤其是对未被充分发掘的地区（如江西美食）的兴趣，吸引观众对未来发展的期待。

**互动性暗示：**以问题“下一个发达的省份将是江西”开头，隐含着邀请观众发表自己的看法或预测，提升评论区的活跃度。

**文化自信展示：**不仅强调了江西的饮食文化（如瓦罐煨汤、南昌米粉），还突出了其现代工业的发展，提升了地方文化的自豪感和社会责任感。

**对比手法：**通过与湖南的对比，突出江西的后发优势，增强了内容的吸引力和讨论价值。

**流量密码：这段文案巧妙地将江西的历史成就与未来潜力相结合，非常吸引短视频用户。视频播出后，有效提升了江西的形象并获得了较高的用户参与度。除此之外，视频也能够吸引观众关注江西的发展动态，推动当地旅游业和经济的发展。**

## 视频文案：国家高度重视，江西将要崛起

江西必将成为下一个崛起的省份，为什么？因为国家对江西的战略定位和期望值都很高。

国务院不是批复了支持江西建设一个特大城市、6 个大城市吗？这个不仅是对南昌、赣州和吉安 3 个城市提出了明确要求，而且还对江西其他城市比如九江、上饶、抚州、宜春等，提供了明确的发展方向。

现在江西已经有了一个国家高新开发区，还有 19 个国家级开发区、4 个综合保税区、3 个跨境电商试验区，江西还是国内第三个内陆开放型经济试验区。

不仅如此，现在耗资 3000 多亿打造的世界最长运河——

浙赣粤大运河，正在修筑中。这个运河一旦修成，堪比京杭大运河，完全打开了交通。

由此可见，江西未来的经济发展不知道会有多大能量，江西未来真的可期。

（发布于视频号：华红兵营销策划）

## 亮点提炼

**政策支持与战略定位：**强调国家对江西的高度关注和支持，通过提及国务院批复建设特大城市和大城市的规划，展示了江西在国家战略布局中的重要地位，增强了观众的信心。

**数据支撑与事实依据：**列举了具体的经济开发区、保税区和跨境电商试验区的数量，以及浙赣粤大运河这一重大基础设施项目，以具体的数据和事实为依据，增强了内容的可信度和说服力。

**热点话题关联：**结合当前社会对区域经济发展和基础设施建设的关注，尤其是对内陆开放型经济试验区的兴趣，使内容更贴合时代背景和社会趋势，吸引了广泛讨论。

**视觉吸引力与未来展望：**描述了浙赣粤大运河建成后将为江西带来的巨大交通便利和发展潜力，激发了观众对未来发展的想象和期待，提升了视频的吸引力。

**互动性暗示：**以问题“江西未来的经济发展不知道会有多大能量”结尾，隐含着邀请观众分享自己的看法或预测，提升评论区的活跃度。

**情感共鸣与认同感：**通过对江西未来发展的积极展望，激发了江西籍观众的自豪感，并让其他地区的观众对江西产生更多的关注和支持。

**流量密码：这段文案成功地将国家政策支持与江西的发展潜力相结合，适合作为短视频平台上的推广内容，能有效提升江西的形象并获得较高的用户参与度。同时，它也能够吸引观众进一步了解江西的发展动态，推动当地旅游业和经济的发展。**

# 山东

## 孔孟之乡，礼仪之邦

### 视频文案：山东那真是神一般的存在

提起山东，每个山东人心里都很骄傲。

走遍全中国，最美在山东。北京人爱夸万寿山，上海人爱夸上海滩，浙江人爱夸西湖，内蒙古人夸蒙古包，四川人就喜欢吃大辣椒。

但是我告诉你，你走遍了东南西北中，美食还是在山东。泰安的煎饼，章丘的葱，莱芜的姜，仓山的蒜，菏泽的牡丹，烟台的苹果，莱阳的梨，都比不上潍坊的萝卜皮。

淄博的陶瓷，枣庄的炭，东平湖里有咸鸭蛋，肥城的桃，乐陵的枣，青岛啤酒都喊好，东阿阿胶贯中西，德州扒鸡数第一。

说到这儿，都说山东有那么好吗？山东其实没多好，山东也没什么山，它就一座泰山；山东也没什么河，就一条黄河；山东也没什么矿，就有黄金矿；山东没什么名人，就出了一个孔子和老子；山东自古以来，没出什么书法大师，就出了个王羲之。有很多人说山东人老实，那《孙子兵法》在哪儿诞生的呢？孙武就诞生在山东。

有人说山东人胆小，当然胆小了，因为我们胆小得只会到景阳冈上打老虎。所以山东那真是神一般的存在。

（发布于视频号：华老师谈商业思维）

## 亮点提炼

**情感共鸣与自豪感：**通过幽默风趣的语言（如“最美在山东”“走遍了东南西北中，美食还是在山东”），激发了山东籍观众的强烈自豪感，也让其他地区的观众对山东产生兴趣。

**文化与特产展示：**列举了山东丰富的特产（如煎饼、葱、姜、蒜、牡丹、苹果、梨等）和知名产品（如青岛啤酒、东阿阿胶、德州扒鸡等），展示了山东的丰富物产和文化底蕴。

**名人效应与历史传承：**提及孔子、老子、王羲之、孙武等历史名人，强调了山东深厚的历史文化底蕴，增强了内容的文化深度和说服力。

**幽默元素与互动性：**以轻松幽默的方式调侃山东的特点（如"没什么山，就一座泰山"），增强了视频的趣味性和记忆点，容易引起广泛共鸣。结尾处隐含着邀请观众分享自己的看法或经历，提升评论区的活跃度。

**热点话题关联：**结合了当前社会对地方特产、历史文化名人的关注，使内容更具吸引力和讨论价值，吸引对美食、文化和历史感兴趣的观众。

**视觉吸引力与场景描绘：**生动描述了山东的各种特产和美景，结合视频画面可以极大提升视觉吸引力，吸引观众进一步了解山东的魅力。

**流量密码：这段文案巧妙地将山东的特产、历史名人和幽默元素相结合，非常适合在短视频平台上推广。视频播出后，有效提升了山东的形象并获得较高的用户参与度。同时，它也能够吸引观众前往山东实地探访，推动当地旅游业的发展。**

## 视频文案：交朋友就要交山东人

我们说哪儿的人最会吃，你可能第一个想到的是广东，但是你不知道，最讲究吃的省份是山东。尤其鲁菜，作为八大菜系之中最讲究礼仪的一个菜系。连陪客人都讲究——主陪、副陪、二陪、三陪、四陪、五陪、六陪……

山东是礼仪之邦，山东人见面喊什么？老师。为什么？孔孟之乡，礼仪之邦，所以山东的根，它是代表了我们这个民族的文化中最讲秩序的一部分。

所以你看到山东人的时候，你就放心地跟山东人交朋友，因为他根子里面，就是孔孟的儒学文化，所以山东人有文化。忠厚老实属山东，你要是真正交朋友的话，要跟山东人交朋友，因为跟山东人交朋友，从来没有被坑过。这是我的体会，你觉得呢？

（发布于视频号：华红兵品牌营销）

### ✦ 亮点提炼

**情感共鸣与认同感：**通过强调山东人的忠厚老实和深厚的儒家文化底蕴，激发了观众对山东人的好感和信任，特别是对于寻求真诚友谊的观众来说，具有强烈的吸引力。

**文化深度与礼仪展示：**突出鲁菜作为我国八大菜系中最讲究礼仪的一个，以及山东人之间互相称呼“老师”的习惯，展示了山东作为礼仪之邦的独特文化魅力，增加了内容的文化深度。

**名人效应与历史传承：**提及孔孟之乡，强调了山东在中华文化中的重要地位，传递了山东人根植于儒学文化的特质，增强了说服力和可信度。

**互动性暗示：**以问题“你觉得呢？”结尾，隐含着邀请观众分享自己的经历或看法，提升评论区的活跃度，增加用户参与度。

**幽默元素与轻松语气：**用轻松幽默的语言描述山东人的特点（如陪客人的讲究），使内容更加生动有趣，容易引起广泛共鸣。

**热点话题关联：**结合了当前社会对传统文化、礼仪和真诚交往的关注，使内容更贴合时代背景和社会趋势，吸引对文化、美食和人际交往感兴趣的观众。

**流量密码：这段文案巧妙地将山东的人文特色与社交美德相结合，适合作为短视频平台上的推广内容。同时，它也能够吸引观众进一步了解山东的文化和生活方式，推动当地旅游业和文化的交流发展。**

# 山西

## 华夏摇篮，文明起源

### 视频文案：山西省最能代表中国

山西是全中国最能代表中国的省份，为什么呢？

第一，山西晋南地区最早叫中国。换句话说，中国这个名字就是来自山西。中国最早的龙图腾、最早的观象台都是在山西襄汾的陶寺遗址里发现的，那是中国最早的地方。

第二，我们的老祖先三皇五帝，尧、舜、禹都是在晋南建业。中华文明的起源点就在山西，女娲补天、精卫填海、大禹治水、愚公移山、神农尝百草、炎黄战蚩尤。中华民族

5000年来最著名的传说，都发生在这片神奇的土地上。

第三，各位知道吗？全中国有2亿人都是山西人的后代，我们都是从山西大槐树底下走出来的。可以说，山西是2亿中国人的老家。

第四，中国人口最多的十大姓氏中，有五大姓氏——张、王、李、赵、杨，都是起源于山西。

第五，在“二十四史”中，山西太原被提到3787次，司马光的《资治通鉴》从哪儿开篇？他是把“三家分晋”作为整部《资治通鉴》的开篇。所以人们都说“一部山西史，半部中国史”。

第六，山西的全国重点文物保护单位非常多，有531处，据说是中国第一位。中国四大名窟，山西有云冈石窟；中国四大古城，山西有平遥古城；中国五岳名山，山西有北岳恒山；世界三大奇塔，中国有一个山西应县木塔。

所以说3000年文明看陕西，5000年文明看山西，山西才是真正能代表中国的一个省。

（发布于视频号：华红兵营销策划）

## 亮点提炼

**历史底蕴与文化代表：**强调山西是中华文明的重要发源地，通过“中国”名称源自山西、三皇五帝建业于晋南等史实，凸显其深厚的历史文化底蕴，增强了内容的文化深度和说服力。

**情感共鸣与认同感：**提及2亿中国人的祖先是山西人，以及张、王、李、赵、杨五大姓氏起源于山西，激发了观众尤其是这几大姓氏观众的情感共鸣和归属感，增强了内容的亲和力。

**数据支撑与事实依据：**列举具体的数据（如全国重点文物保护单位531处、在“二十四史”中被提到3787次），展示了山西丰富的文化遗产，增强了可信度，并提供了讨论的话题。

**热点话题关联：**结合当前社会对历史文化、姓氏起源和文物保护的关注，使内容更贴合时代背景和社会发展趋势，吸引对历史文化和旅游感兴趣的观众。

**互动性暗示：**以问题“所以说3000年文明看陕西，5000年文明看山西，山西才是真正能代表中国的一个省”结尾，隐含着邀请观众发表自己的看法或分享相关经历，提升评论区的活跃度。

**视觉吸引力与场景描绘：**描述了多个著名的历史遗迹和自

然景观（如云冈石窟、平遥古城、北岳恒山、应县木塔等），结合视频画面，极大地提升了视觉冲击力，吸引观众进一步了解山西的魅力。

**流量密码：这段文案巧妙地将山西的历史成就与文化特色相结合，适合作为短视频平台上的推广内容，预计能有效提升山西的形象并获得较高的用户参与度。同时，它也能够吸引观众前往山西实地探访，推动当地旅游业的发展。**

## 视频文案：山西的煤照亮了大半个中国

山西可以说是为了祖国强大，默默付出的一个省。

全国一半以上的电灯是山西人点亮的，山西是中国的煤炭大省，70 年来累计生产煤炭高达 192 亿吨，能绕地球三圈。山西把浑浊的环境留给了自己，把源源不断的能源输送到祖国的四面八方，照亮了大半个中国。

山西的文化比山西的煤层都厚，如果说 3000 年文明你看陕西，那么5000年文明你看哪里？山西。

精卫填海，女娲补天，这些传说都发生在山西，全国的重点文物保护单位，仅山西就独占531处，全中国排名第一。中国四大佛教名山，山西有五台山；中国四大名窟，山西有云冈石窟；中国四大古城，山西有平遥古城；中国四大名酒，山西有汾酒；中国五岳名山，山西有北岳恒山；中国三大奇塔，山西有应县木塔。要问你祖籍是哪儿？山西大槐树下。

山西还人才辈出，历史上有许多杰出人物与山西有关，如尧、舜、禹、貂蝉、杨玉环、武则天等。

山西啊，它的现代化成就一点儿也不弱。中国第一家重型机械制造企业在山西，第一炉不锈钢在山西，第一个纺织机械厂、第一台燃气轮机车、第一条重载铁路、世界第一条商用的特高压电网，都在山西。

咱们中国一共有11座航天发射塔，有10座山西造，你说山西是不是比很多地方都牛？

（发布于视频号：华红兵营销策划）

## 亮点提炼

**情感共鸣与奉献精神：**强调山西作为“煤炭大省”为全国能源供应作出的巨大贡献，将山西描绘成默默付出、无私奉献的形象。容易引发观众的情感共鸣，特别是对国家建设有认同感的观众。

**数据支撑与事实依据：**给出具体的数据（如70年来累计生产煤炭192亿吨）和成就（如全国一半以上的电灯由山西点亮），增强了说服力和可信度，展示了山西在能源领域的关键作用。

**历史文化深度：**通过提及精卫填海、女娲补天等古老传说，以及丰富的历史遗迹（如五台山、云冈石窟、平遥古城等），凸显了山西深厚的文化底蕴，吸引了对历史文化感兴趣的观众。

**现代化成就展示：**不仅强调了传统文化，还介绍了山西在现代工业和技术上的成就（如重型机械制造企业、特高压电网、航天发射塔等），展示了山西的全面实力和发展潜力。

**名人效应与自豪感：**列举了多位历史名人（如尧、舜、禹，武则天，貂蝉，杨玉环），增强了地方的文化自豪感，并传递了山西人才辈出的信息。

**互动性暗示：**以问题“你说山西是不是比很多地方都牛”结尾，隐含着邀请观众分享自己的看法或经历，提升评论区的活跃度，增强用户参与度。

**流量密码：这段文案巧妙地结合了山西的历史文化、能源贡献和现代化成就，能有效提升山西的形象并获得较高的用户参与度。同时，它也能够吸引观众进一步了解山西的魅力，推动当地旅游业的发展。**

# 四川

## 天府之国，物华天宝

### 视频文案：人生的下半程，你应该去四川

人生的下半程应该去四川，今年春天以来，人口净流入的省份，只有两个，一广东，二四川。

你要问我四川有多牛，我告诉你，它经济上干不过广东，交通干不过湖北，轻工业干不过上海，政治上没有北京厉害。但是人们为什么还乐意去四川？最近四川的外国人变多了，连外国人都知道，中国有一个非常快乐的地方叫四川。

你知道为什么很多人喜欢去四川旅游吗？四川人乐观。

全中国最多的茶馆在四川，全中国最多的麻辣烫在四川，全中国最多的火锅在四川。有句话是这么说的："没有什么问题是一顿火锅搞不定的。"

春熙路那一带你去过吗？我跟你讲，你就不能去，因为去了不想走，为啥？你坐那儿一看，满大街的姑娘一个比一个漂亮。而且四川是"天府之国"，物产丰富，你想要的各种东西，在四川都有。

人生的前半程，去广州、深圳赚钱，后半程来四川，恭喜你选对了人生答案。

（发布于视频号：华红兵品牌营销）

## 亮点提炼

**情感共鸣与生活品质：**通过强调"人生的下半程应该去四川"，突出了四川作为宜居之地的魅力，容易引起观众对未来生活的向往和共鸣。

**事实依据：**提及四川是人口净流入省份之一，并指出外国人也喜欢到四川，用具体的现象增强了说服力和可信度。

**文化特色与休闲氛围：**展示了四川丰富的休闲文化（如茶馆、麻辣烫、火锅等），并以幽默的方式表达"没有什么问题是一顿火锅搞不定的”，传递了轻松愉快的生活态度。

**视觉吸引力与场景描绘：**描述了春熙路繁华美丽的景象以及满大街漂亮的姑娘，结合视频画面可以极大提升视觉吸引力，吸引观众对四川的好奇心和兴趣。

**互动性暗示：**以问题“去了不想走”结尾，隐含着邀请观众分享自己的经历或感受，提升评论区的活跃度，增强用户参与度。

**热点话题关联：**结合了当前社会对生活品质、旅游休闲的关注，特别是对美食文化和美丽风景的兴趣，使内容更贴合时代背景和社会发展趋势。

**人生选择建议：**将广州、深圳与四川对比，提出“前半程赚钱，后半程享受”的人生规划建议，提供了明确的价值主张，容易引发观众的思考和认同。

**流量密码：这段文案巧妙地将四川的文化特色、生活品质和旅游资源相结合，适合作为短视频平台上的推广内容。同时，它也能够吸引观众前往四川实地体验，推动当地旅游业的发展。**

## 视频文案：中国的底牌是四川

为什么说中国的底牌要看四川呢？最近，自然资源部给了四川一个定位，叫“中国发展的战略腹地”。您别小看这几个字，20多个省在争，都没争过四川。您看看周围省份的定位就知道了。贵州的定位是“国家生态文明的试验区”，云南的定位是“向南开放的重要通道和前沿”。偏偏四川是“中国发展的战略腹地”，这是怎样的重要性啊？

这里面有三个原因。首先看农业，四川自古以来就被称为“天府之国”，主要生产粮食、生猪、油和盐，这四样东西正好能构成一桌子饭。它虽然比不上什么山珍海味，但是能解决吃饱饭的问题。

其次看工业。成都的飞机、绵阳的电子、德阳的大型设备、资阳的机车、攀枝花的钢铁、自贡的盐。不管是轻、重工业还是军工产业，四川都特别发达，连发电量都名列前茅。全国每100度电，就有30度产自四川，占了全国的近三分之一。如果把四川省单独拿出来，跟全世界其他国家去比，四川的发电量排名世界第三，比美国还高，仅次于加拿大和巴西。

再看历史传承。每每遭遇外族入侵，四川人就不知道什么叫投降。从三国到南宋，从清军入关到抗日救国，只要四川还在，中国就不会亡。

所以在和平时期，您可以去四川旅游、养老，一旦遭遇逆风局，到了国家危急存亡的关键时刻，四川就会血脉偾张。难怪四川能成为战略腹地，未来10年将是属于四川的黄金时期！

（发布于视频号：华红兵品牌营销）

## ✦ 亮点提炼

**战略定位与权威背书：**强调自然资源部给予四川“中国发展的战略腹地”的定位，凸显其在全国发展中的重要地位，增强了内容的权威性和说服力。

**数据支撑与事实依据：**提供具体的数据（如全国每100度电中有30度产自四川），展示了四川在农业、工业和能源领域的实力，增强了可信度。

**历史文化深度：**通过回顾历史（如三国到抗日救国），强调四川人在关键时刻的坚定与不屈，传递了深厚的历史文化底蕴和社会责任感。

**情感共鸣与自豪感：**描述四川作为“天府之国”的富饶和

在国家危难时刻的重要作用，激发观众对四川的认同感和自豪感，特别是对四川籍观众来说，具有强烈的情感共鸣。

**互动性暗示：**以问题“未来10年将是属于四川的黄金时期”结尾，隐含着邀请观众发表自己的看法或预测，提升评论区的活跃度，增加用户参与度。

**生活品质与未来展望：**不仅强调了四川的战略意义，还提及和平时期的旅游和养老优势，展示了四川的生活品质和发展潜力，吸引观众对未来发展的期待。

**热点话题关联：**结合当前社会对国家战略布局、生态文明建设和对外开放的关注，使内容更贴合时代背景和社会发展趋势，吸引对经济、历史和文化感兴趣的观众。

**流量密码：这段文案巧妙地将四川的战略地位、经济发展和历史文化相结合，能吸引观众进一步了解四川的魅力，推动当地旅游业和文化的交流发展。视频播出后，有效提升了四川的形象并获得较高的用户参与度。**

# 云南

## 西南边陲，风情万种

### 视频文案：为什么云贵川，云南排第一

我们常说云、贵、川，为什么云南排在第一位呢？

首先要讲的是1911年10月10日。辛亥革命是在武昌打响了第一枪，但是仅仅在20天之后，蔡锷、唐继尧、李根源等人引领的滇军在云南发动了重九起义，仅用3天时间就推翻了清朝在云南的统治，宣告云南独立，摆脱了清朝的掌控。这个事件影响深远。云南是继武昌起义后首个独立的省份，它的独立推动了四川、贵州等省份的独立浪潮。所以，每逢

历史的关键时刻，总是云南站了出来，力挺革命。

辛亥革命之后，云南率先站出来支持共和，支持辛亥革命，反对清朝政府。抗日战争时期，云南用自己积累的全部财富支持抗战。淞沪会战打响后，云南军人穿着草鞋挺进千里去支援沿海一带的中国抗战，这就是伟大的云南人。

所以，大家不要总是动不动地就说云南是边陲地方，云南是“身处边疆，心向中央”。每当历史关键时刻，云南人都会挺身而出，站在正确的一面，站在爱国的一面，你懂真正的云南人吗？

（发布于视频号：华红兵点赞大运河）

## 亮点提炼

**历史重要性与情感共鸣：**通过回顾辛亥革命期间云南的重九起义以及抗日战争时期云南人的英勇表现，凸显了云南在关键时刻的重要作用，激发当地观众对云南历史的自豪感和认同感。

**数据支撑与事实依据：**具体提及云南在辛亥革命和抗日战争中的贡献（如滇军 3 天推翻清朝统治、淞沪会战中云南军人的支持），增强了内容的可信度和说服力。

**文化自信展示：**强调云南“身处边疆，心向中央”的精神特质，传递了云南人民深厚的爱国情怀和社会责任感，提升了当地人民的文化自豪感。

**互动性暗示：**以问题“你懂真正的云南人吗？”结尾，隐含着邀请观众分享自己的看法，提升评论区的活跃度，增强用户参与度。

**热点话题关联：**结合当前社会对历史文化、爱国主义的关注，使内容更贴合时代背景和社会发展趋势，吸引对历史和文化感兴趣的观众。

**地域优势与独特性：**通过解释“云贵川”排序的原因，展示了云南的独特地位和历史贡献，增强了内容的新颖性和讨论价值。

**情感升华：**不仅讲述了云南的历史贡献，还强调了云南人民在国家危难时刻挺身而出的精神，增强了观众的情感共鸣，提升了视频的感染力。

**流量密码：这段文案巧妙地将云南的历史成就与爱国精神相结合，有效提升了云南的形象并获得较高的用户参与度。此外，文案也能吸引观众进一步了解云南的魅力，推动当地旅游业和文化的交流发展。**

## 视频文案：治疗抑郁症最好的地方是云南

你知道吗？云南人没有抑郁和焦虑，云南省是抑郁症患病率最低的省份之一。

为什么云南的抑郁症患病率最低？三个原因：第一，这个地方是每个节日都过，它的快乐是每天都快乐，像火把节、泼水节等。这儿的节日都过不完，每过一个节日，人们就会把抑郁和焦虑的情绪通过节日释放出来。

第二，云南人特别爱吃菌子，而菌子是中国食物链最顶端的存在，如牛肝菌、干巴菌、羊肚菌等。云南人“宁肯眼睛瞎，不肯嘴放塌”，就是宁肯把眼睛吃瞎了，也要吃菌子，菌子是大自然带给云南人最好、最生态的礼物。

第三，这个地方有好山、好水、好空气。整个云南，尤其是昆明的海拔在 1500 ~2000 米，这个海拔既避免了低海拔地区的潮气、湿气和瘴气，又保证了中海拔地区的负离子浓度。你看红嘴鸥，这个对环境最挑剔的物种之一，它都飞了 6000 多公里来昆明过冬。

今天我们才知道，江南地区固然收入高，能赚很多钱，但赚钱的目的不就是为了快乐和健康吗？这几年患抑郁症和焦虑症的人太多了，如果你也觉得心情不美丽，那你就跟我一起来云南好了。到云南来，把抑郁和焦虑放下，让我们一起朝快乐出发！

（发布于视频号：华红兵点赞大运河）

## 亮点提炼

**情感共鸣与心理健康：**通过提出“治疗抑郁症最好的地方是云南”，直接触及现代人对心理健康和幸福感的关注，容易引发观众的情感共鸣，特别是那些感到抑郁或焦虑的人群。

**文化特色与节日氛围：**强调云南丰富的节日文化（如火把节、泼水节等），展示了云南人通过节日释放抑郁与焦虑情绪的生活方式，传递了积极向上的生活态度，增强了内容的文化深度和吸引力。

**美食诱惑与生态优势：**提及云南独特的菌类美食（如牛肝菌、干巴菌、羊肚菌等），并强调其生态价值，吸引对美食和自然环境感兴趣的观众，同时凸显云南的生态优势。

**自然美景与健康环境：**描述云南的好山、好水，以及适宜的海拔和富含负离子的空气，结合红嘴鸥选择昆明过冬的事实，展示了云南作为理想居住地的优势，增强了说服力。

**互动性暗示：**以邀请的方式结尾——“那你就跟我一起来

云南好了”，隐含着鼓励观众分享自己的心情或计划，提升评论区的活跃度，增强用户参与度。

**热点话题关联：** 结合当前社会对心理健康、生态旅游和生活品质的关注，使内容更贴合时代背景和社会发展趋势，吸引观众广泛的讨论。

**人生价值观探讨：** 通过对比江南地区的高收入与云南的快乐和健康，提出了关于人生目的的深刻思考，引发观众对于生活方式选择的反思。

**流量密码：这段文案巧妙地将云南的文化特色、自然环境和生活品质相结合，不仅适合作为短视频平台上的推广内容，也能够吸引观众前往云南实地体验，推动当地旅游业的发展。**

# 浙江

## 江南水乡，人文荟萃

### 视频文案：浙江这么多第一，遥遥领先其他省份

浙江为什么有这么多全国第一？浙江已经连续4年被全国工商联评为营商口碑最好的一个省。浙江的民营企业家特别多，每6.5个浙江人就有1个当老板，“宁可睡地板，也要当老板”，这就是浙江人。

很多著名的企业家，如宗庆后、马云、丁磊、李书福、任正非、黄峥等，都是浙江人，之前还出了很多顶尖的知识分子，像钱学森、钱三强、屠呦呦、竺可桢、陈省身、鲁迅、

邵逸夫、金庸等都是浙江人。浙江人不仅钱多，脑子里的知识也多。而且，浙江的城乡居民收入差异系数全国最低，浙江的义务教育学校校际差全国最低。所以，浙江人的教育机会均等，甚至浙江人发财的机会都是均等的。

还有一个数据很有趣，浙江光一个宁波出的院士都比上海多。上海够大了吧，经济够繁荣了吧，科研机构多如牛毛，它出的院士还没有浙江宁波多呢。宁波出了 122 个院士，上海才出了 92 个院士。院士人数全国排名第五的是绍兴，就连绍兴都出了 83 个院士，跟上海差不多。浙江人为什么如此遥遥领先？

最近大家有没有看过一个数据，说长三角的 GDP 增速是珠三角的 3 倍。长三角的后劲在勃发，这跟珠三角长期依赖外贸加工有很大关系。因为现在是科技创新的时代，民营企业将发挥越来越多的科技创新、市场创新作用。所以，浙江凸显了长三角民营企业家的集中优势，使长三角 GDP 遥遥领先。民营企业一定会继续为中国的经济发展做出重大贡献，你认同这个看法吗？

（发布于视频号：华红兵移动营销）

## 亮点提炼

**数据支撑与事实依据：**通过具体的数据（如连续4年被评为营商口碑最好的省、城乡居民收入差异系数全国最低等），增强了内容的可信度和说服力。

**名人效应与成功案例：**列举了多位著名企业家（如马云、宗庆后等）和顶尖知识分子（如钱学森、屠呦呦等），展示了浙江人才辈出的特点，提升了地方形象和吸引力。

**民营经济与创新精神：**强调浙江民营企业家的数量和创业精神，凸显了浙江在民营经济和市场创新方面的领先地位。

**教育公平与发展机会：**提及浙江在教育机会均等方面的优势，如义务教育学校校际差全国最低，传递了社会公平和发展的正面信息，吸引了对教育和社会公平感兴趣的观众。

**互动性暗示：**以问题“你认同这个看法吗？”结尾，隐含着邀请观众发表自己的看法或分享相关经历，提升评论区的活跃度，增强用户参与度。

**区域对比与竞争优势：**通过将宁波与上海的院士数量进行对比，以及长三角与珠三角的GDP增速进行对比，突出了浙江及其所在区域的竞争优势和发展潜力，增强了内容的讨论价值。

**热点话题关联：**结合当前社会对营商环境、科技创新和民营经济的关注，使内容更贴合时代背景和社会发展趋势，吸引广泛讨论和关注。

**流量密码：这段视频文案巧妙地将浙江的经济发展成就、人才优势和机会公平相结合，有效地提升了浙江的形象，并获得较高的用户参与度。**

## 视频文案：一说起浙江就是人文浙江

我们一说起浙江就是人文浙江，因为浙江名人多啊。你看从心学大师王阳明到一代文豪鲁迅，再到近代中国的问天第一人竺可桢，以及两弹一星的功勋科学家钱三强，浙江可谓是天耀浙土，地佑浙水，人杰地灵。

你知道为何浙江的院士一直以来都高居中国的前五位吗？（2023 年是 83 人）为何浙商又是中国最会赚钱的商人？想深入剖析这些问题，要了解以下原因。

主要是浙江的历史文化积淀太深厚了。浙江尤其是绍兴一带，属于吴越文化圈，同俗并土、同气共俗的文化特征特别明显；浙江又处于整个江南的核心，潜移默化成就了很多名人。

为什么这么多名人都扎堆来到绍兴呢？鲁迅的家乡，蔡元培的家乡，越王勾践卧薪尝胆地，王羲之《兰亭集序》的写作地，陆游的出生地。现在，你终于明白浙江人为什么这么聪明了吧，水土原因。

下辈子我决定去浙江，到绍兴定居，这地方每天都能喝上老酒古越龙山，吃上茴香豆，感受老城市3000年古朴文化的哺育。去哪儿不是待着，咱为什么不去一个好地方——绍兴呢？

（发布于视频号：华红兵营销策划）

## ✦ 亮点提炼

**名人效应与文化深度：**通过列举多位历史名人（如王阳明、鲁迅、竺可桢、钱三强等），凸显了浙江深厚的文化底蕴和人文成就，增强了内容的文化深度和吸引力。

**情感共鸣与认同感：**强调“天耀浙土，地佑浙水，人杰地灵”，激发了观众对浙江的自豪感和认同感。特别是对于浙江籍观众来说，容易引起强烈的情感共鸣。

**数据支撑与事实依据：**提及浙江院士数量高居中国前五位（2023 年 83 人），展示了浙江在教育和科研领域的卓越成就，增加了内容的可信度。

**地域特色与生活品质：**描述绍兴作为吴越文化圈的核心地带，拥有独特的文化和自然环境，结合具体的历史文化景点（如兰亭、越王勾践卧薪尝胆之地），传递了浙江的生活品质和文化底蕴。

**互动性暗示：**以问题“你终于明白浙江人为什么这么聪明”结尾，并邀请观众“下辈子去绍兴定居”，隐含着鼓励观众分享自己的感受或计划，提升评论区的活跃度。

**热点话题关联：**结合当前社会对历史文化、名人效应和生活品质的关注，使内容更贴合时代背景和社会发展趋势，吸引观众广泛的讨论和关注。

**视觉吸引力与场景描绘：**文案生动描绘了绍兴的老酒古越龙山、茴香豆等特色美酒、美食及老城市古朴的文化氛围，结合视频画面，极大地提升了视觉冲击力，吸引观众前往体验。

**流量密码：这段文案巧妙地将浙江的历史名人、文化沉淀和生活品质相结合，令人印象深刻。视频播出后有效提升了浙江的形象，并获得较高的用户参与度。**

下篇

# 城市颂歌

CHENGSHI LIULIANG MIMA

# 合肥

## 淮畔明珠，巢湖映秀

### 视频文案：合肥是真真正正做战略的城市

合肥是真真正正做战略的一座城市。20年前我到合肥的时候，感觉合肥就是一座小县城，合肥还没有芜湖发达，反而芜湖比合肥更像一座大城市。

但是，今天的合肥能让你刮目相看，为什么今天合肥能逆袭成功呢？它不占天时，改革开放它晚了。它不占地利，不靠江、不靠海。那它靠什么呢？把人和发挥到极致的就是合肥。

合肥做了错位竞争，它琢磨着要招商引资。那要从哪里突破呢？搞外贸搞不过深圳，外贸型企业放弃；搞电商搞不过杭州；搞金融搞不过上海；搞科研搞不过北京。应该选一条新赛道，这新赛道是什么呢？新材料、新能源、新合成、新芯片。所以，它从芯片、材料合成和新能源赛道出发，因为在这个赛道上所有的大城市跟它都是处在同一起跑线上，如果合肥聚焦这四大新兴产业，就有优势。

合肥就是在十几年前瞄准了这四大新兴产业，在别人并不看好的时候，合肥就把一个相对弱势的产业做成功了。这个高瞻远瞩的决策今天被证明是合理的，而且合肥的招商可不是只招一家企业，而是招一个产业链。比如说新能源汽车，招一个产业链就是把新能源汽车的上游、下游、配套企业全部请来，这样就能让一个产业火起来。

合肥在未来一定是一个令人刮目相看的城市。

（发布于视频号：华红兵金钥匙营销）

## 亮点提炼

**逆袭故事与情感共鸣：**通过讲述合肥从小县城到令人刮目相看的转变，凸显其成功逆袭的故事，容易引发观众的情感共鸣，特别是对追求进步和发展感兴趣的观众。

**战略眼光与决策智慧：**强调合肥在不占天时、地利的情况下，凭借高瞻远瞩的战略决策，选择新材料、新能源、新合成、新芯片等新兴赛道，展示了城市发展的智慧和前瞻性，增强了内容的说服力。

**事实依据：**提及合肥聚焦四大新兴产业并在十几年前就已布局，今天这些产业的成功证明了其决策的正确性，增强了内容的可信度。

**互动性暗示：**以话题“合肥在未来一定是一个令人刮目相看的城市”结尾，隐含着邀请观众分享自己的看法或预测，提升评论区的活跃度，增强用户参与度。

**热点话题关联：**结合当前社会对科技创新、新兴产业和城市发展的关注，使内容更贴合时代背景和社会发展趋势，吸引广泛讨论和关注。

**产业链招商策略：**突出合肥不只招引单一企业，而是整个产业链的引入（如新能源汽车的上、下游），展示了合肥在招商引资方面的独特眼光和成效，提供了可借鉴的发展经验。

**视觉吸引力与未来展望：**虽然没有直接描述具体景点，但通过对合肥未来发展潜力的描绘，激发了观众对未来合肥的兴趣和期待，提升了视频的吸引力。

**流量密码：这段文案巧妙地将合肥的发展历程、战略眼光和新兴产业相结合，适合作为短视频平台上的推广内容。并可吸引观众进一步了解合肥的魅力，推动当地旅游业和文化的交流发展。**

# 泉州

## 海上丝路，闽南风情

### 视频文案：深厚文化的宝藏城市是福建的泉州

泉州，一座很容易被忽略的小众宝藏之城，在历史上，它曾经是东方第一大港，海上丝绸之路的出发地就是泉州。这是联合国认定的古代海上丝绸之路的起点。这里还是闽南文化的发源地，因为众多宗教汇聚于此，也是我们国家首批公布的24座国家历史文化名城之一，更是我国著名的侨乡。这座城市有着太多令人震撼的头衔。

我发现泉州拥有无比辉煌的历史。比如，泉州有一个永远逛不够的老城区鲤城，你到了鲤城区，会迷失方向，因为你不断偶遇的都是各种庙宇、教堂、宗祠，这些建筑风格大相径庭、各有特点，而且巧妙地跟整个城市融合在一起，毫无违和感。可以说，你要是想找世界宗教建筑博物馆，就可以到泉州的老城区去看一看，在这里，如果你想了解什么宗教建筑，也能看得到。可见泉州这座城市的历史文化有多么厚重，有多么包容。

泉州还有让人念念不忘的古早味。啥叫古早味？是闽南人用来形容古旧的味道的词语。你知道，味蕾的刺激往往令人记忆深刻，一个城市最容易让人记住的就是那个城市的味道。比如，一份牛排加上一碗牛肉羹或者萝卜汤，再配上一碗咸饭，是泉州当地人的标配。

泉州还有一个奇特的村——泉州蟳埔村，在这里，很多渔民到今天还以打渔为生。这里很多女子头上戴的都是好看的花，五颜六色，后来我才知道，这就是著名的福建蟳埔女。你知道吗？福建三大渔女就是蟳埔女、惠安女和湄洲女，这种浓厚的民族文化传统值得我们学习和点赞。

（发布于视频号：华红兵讲营销）

## 亮点提炼

**历史与文化深度：**强调泉州作为古代海上丝绸之路的起点和闽南文化的发源地，凸显其深厚的历史文化底蕴，吸引了对历史文化感兴趣的观众。

**宗教包容性展示：**提及泉州是众多宗教汇聚之地，拥有丰富的宗教建筑（如庙宇、教堂、宗祠），展示了城市的多元文化和包容性，增强了内容的独特性和吸引力。

**视觉吸引力与场景描绘：**生动描述了老城区鲤城的独特风貌和各种风格迥异但完美融合的建筑，结合视频画面极大地提升视觉冲击力，吸引观众前往探索。

**美食诱惑与情感共鸣：**通过介绍泉州独特的古早味美食（如牛排配牛肉羹或萝卜汤以及咸饭），唤起观众的味蕾记忆，增强了情感共鸣和地方认同感。

**民俗特色展示：**介绍了蟳埔村及其著名的蟳埔女，展示了浓厚的民族文化传统，吸引了对民俗文化和独特风情感兴趣的观众。

**互动性暗示：**以话题“这种浓厚的民族文化传统值得我们学习和点赞”结尾，隐含着邀请观众分享自己的看法或体验，提升评论区的活跃度，增强用户参与度。

**事实依据：**提及联合国认定的古代海上丝绸之路的起点及首批国家历史文化名城之一等头衔，增强了内容的权威性和可信度。

**流量密码：这段文案巧妙地将泉州的历史成就、宗教包容、美食文化和民俗特色相结合，适合作为短视频平台上的推广内容。并可以吸引观众进一步了解泉州的魅力，推动当地旅游业和文化的交流发展。**

# 广州

## 羊城古韵，花香四季

### 视频文案：中国未来最宜居城市就是广州

我走遍全国，觉得最宜居的城市还是广州。

我选广州有三个理由。第一就是气温。我不选北方城市，就是受不了北方的寒冬。我本人就是北方人，在北方生活了30年，深刻感受到人上了年纪以后，体质会变弱，北方的冬天实在难熬。广州有“花城”的美誉，一年四季气候宜人，吸引了很多北方人。

第二就是包容。广州是一座包容性很强的城市。仅以美食举例，这里的粤菜特色鲜明，非常受欢迎。与此同时，广州还有湘菜、川菜、赣菜、鲁菜等菜系，凡是您叫得出的菜系，广州都有。正因如此，生活在广州的人才能大饱口福。

第三就是发达。广州市是首批国家历史文化名城，海上丝绸之路的起点之一，被誉为“千年商都”。作为改革开放最早的城市之一，广州不仅经济发达，在城市基础设施建设、医疗、教育等领域也非常领先。在广州生活，我有很强的幸福感。

除了广州，您觉得还有哪些宜居城市？

（发布于视频号：华红兵谈咨询）

## 亮点提炼

**逻辑清晰：**在广州的众多城市特色之中，作者用简明扼要的三个理由，论证自己的核心观点“最宜居的城市还是广州”。显示出强大的逻辑思维和概括能力。

**个人体验：**作者本人就是“生活在广州的北方人”，他首先分享了广州的天然优势。这里一年四季气候温和，特别适合那些不喜欢严寒天气的人群。对于北方人来说，随着年龄增长，身体对寒冷的适应能力下降，广州温暖的气候就成为一个重要的吸引力。因为是亲身经历，这种分享尤为真诚、可信。

**开放包容：**广州以其高度的包容性和多元文化著称。作者以美食为例，介绍广州不仅有地道的粤菜，还能品尝到来自全国各地的各种菜系。这种多样性反映了广州作为一个国际大都市的文化融合和开放态度，为不同背景的居民提供了丰富的生活体验。

**综合实力：**作为中国首批国家历史文化名城之一，以及海上丝绸之路的重要起点，广州在历史上就扮演着重要的商业角色。如今，作为改革开放的先锋城市，广州在经济发展上取得了显著成就，并且在城市基础设施建设、医疗保健、教育等多个关键领域都处于领先地位。这些成就使广州这座城市不仅具备“宜居”的条件，更能为所有居民带来归属感和幸福感。

**文化底蕴：**广州不仅是经济强市，还是一座拥有悠久历史和深厚文化底蕴的城市。“千年商都”的称号体现了其在商业文化和中外交流中的重要地位。如果能够通过短视频展示广州的历史遗迹、现代风貌及日常生活场景，将有效吸引更多的游客和投资者关注。

**互动邀请：**作者在文案结尾，邀请观众回答问题“除了广州，您觉得还有哪些宜居城市？”巧妙地吸引观众表达各自观点，提升了观众的参与度。

**流量密码：作者通过分享个人经历，说明了居住在广州这样一个气候宜人、经济繁荣、设施完备、开放包容的城市，人们能享受到高质量的生活服务，极大地提升了幸福感。**

# 顺德

## 岭南水乡，韵味悠长

### 视频文案：顺德是广东最具幸福感的城市

广东省幸福指数最高的城市是哪里？不是东莞，也不是深圳，而是顺德。

小小的顺德，却富可敌国，你们知道吗？其实顺德是一个充满自信的地方，连续12年蝉联全国百强区县的榜首，2023年GDP高达4300亿元。

顺德人的地域观念很强，顺德人的舌头非常挑剔。为什么这个地方是美食之乡？顺德人认为离开了顺德就没有好吃的地方，所以不怎么爱出去，因为顺德菜是粤菜之首。粤菜味出自哪里？出自顺德。

顺德是众多名人贤才、杰出人才的摇篮。这个地方人杰地灵、民风淳朴，而且还拥有一批在全国乃至全世界都有影响力的隐形冠军企业。顺德人从来都是这样，做事做人踏踏实实，一步一个脚印。他们有一种天生的幸福感，而且很自信。

一个小小的顺德，却是这么令人向往的一个地方，这样的顺德，你觉得怎么能不让人幸福起来呢？

（发布于视频号：华红兵老师）

## 亮点提炼

**幸福指数与经济成就：**通过强调顺德是广东省幸福指数最高的城市，并提及连续12年蝉联全国百强区县榜首和2023年GDP高达4300亿元。展示了顺德的经济实力和发展成就，增强了内容的说服力。

**美食文化与地域自信：**突出顺德作为“美食之乡”的地位，强调顺德人对本地美食的高度自信（如认为离开顺德就没有好吃的地方），凸显了顺德独特的饮食文化和地域特色，吸引了对美食感兴趣的观众。

**人才摇篮：**提及顺德是众多名人贤才和杰出人才的摇篮，展示了这个地方的人杰地灵、民风淳朴和文化底蕴，增强了内容的文化深度和吸引力。

**隐形冠军企业：**介绍顺德拥有一批在全国乃至全球有影响力的隐形冠军企业，展示了顺德在工业和制造业领域的卓越成就，吸引了对企业和社会经济发展感兴趣的观众。

**情感共鸣与认同感：**强调顺德人的踏实做事和天生的幸福感，传递了一种质朴而深厚的自豪感，容易引发观众的情感共鸣，特别是对于顺德籍或对中国传统文化有感情的观众。

**互动性暗示：**以问题“这样的顺德，您觉得怎么能不让人幸福起来呢？”作为结尾，隐含着邀请观众分享自己的看法或体验，提升评论区的活跃度，增加用户参与度。

**数据支撑与事实依据：**具体提及 12 年蝉联全国百强区县榜首和 2023 年 GDP 等数据，增强了内容的真实感和可信度，展示了顺德在多个领域的领先地位。

**文化传承与现代发展相结合：**通过展示顺德的传统美食文化和现代企业发展成就，体现了这座城市既保留了深厚的文化底蕴，又实现了现代化的发展，吸引了对传统文化和现代进步感兴趣的观众。

**流量密码：这段文案巧妙地将顺德的经济成就、美食文化、人才优势和幸福感相结合，适合作为短视频平台上的推广内容。同时，它也能够吸引观众进一步了解顺德的魅力，推动当地旅游业和文化的交流发展。**

# 贵阳

## 苗侗风情，山川入画

### 视频文案：贵州人最懂逆天改命

你知道我为什么热爱贵州吗？我觉得贵州人那份倔强真的是我们这个时代所缺乏的一种精神。

贵州到处都是山，没有平原，是全中国唯一没有平原的省份，但是贵州硬是建成了世界上桥梁数量最多的省份。贵州的高速公路数量全国排第四位，它的桥梁更是了不得，全世界共100多座高桥，几乎六成都在贵州。在贵州8000多千米高速公路和高铁修建中，他们建造了3万多座桥梁。

你到贵州看看，整个贵州就是一个“桥梁博物馆”。中国的桥梁技术、涵洞技术最先进的实际上都在贵州。中国在全世界有四个方面的技术领先，第一个是移动应用的大数据；第二个是中国的高铁；第三个是人工智能；第四个就是中国的桥梁与涵洞技术，而在这方面，贵州作出了巨大贡献。贵州发扬了红军精神，不畏艰险，“敢教日月换新天”。它硬是把贵州这样一个山比较多的地区，变成了一个四通八达的省份。

贵州现在村村都通公路，县县都有桥梁，最近这10年，贵州变化真大！贵州用尽所有的力气，给了中国一个惊喜，给了世界一个震撼，为贵州点赞。

（发布于视频号：华红兵谈咨询）

## 亮点提炼

**精神共鸣与时代意义：**通过强调贵州人那份倔强和不畏艰险的精神，凸显了其在逆境中奋发图强的品质，这种精神正是现代社会所推崇的，容易引发观众的情感共鸣。

**地理挑战与工程奇迹：**指出贵州是全中国唯一一个没有平原的省份，并且面临诸多地理挑战，但依然建成了世界最多的桥梁和高速公路，展示了人类工程的伟大成就，吸引了对基础设施建设感兴趣的观众。

**数据支撑与事实依据：**具体提及贵州高速公路数量全国排名第四位、全世界100多座高桥中有六成在贵州、8000多千米的高速公路和高铁修复中建了3万多座桥梁等数据，增强了内容的真实感和可信度。

**互动性暗示：**以问题“你知道我为什么热爱贵州吗？”开头，隐含着邀请观众分享自己的看法或经历，提升评论区的活跃度，增强用户参与度。

**技术成就与国际影响力：**强调中国的桥梁与涵洞技术在全球的领先地位，而贵州在这方面作出了巨大贡献，展示了贵州在工程技术领域的国际影响力，吸引了对未来科技发展感兴趣的观众。

**历史传承与红军精神：**提及贵州发扬了红军精神，不畏艰险，“敢教日月换新天”，将历史传承与现代建设相结合，增加了内容的文化深度和情感厚度。

**社会话题关联：**结合当前社会对基础设施建设、科技创新和社会发展的关注，使内容更贴合时代背景和社会趋势，从而吸引观众更多的讨论和关注。

**未来展望与行动号召：**直接鼓励观众为贵州点赞，并提供明确的行动号召，促进了潜在游客和投资者的转化，并展望了贵州的发展前景。

**幽默与亲切感：**用轻松幽默的语言（如“硬是建成了世界最多的桥”）介绍贵州的特点，增加了文案的亲切感和可读性，更容易让观众产生好感。

**流量密码：这段文案巧妙地将贵州的地理挑战、工程奇迹、技术成就和个人精神相结合，适合作为短视频平台上的推广内容。并可以吸引观众进一步了解贵州的魅力，推动当地旅游业和文化的交流发展。**

# 河间

## 燕赵古风，枣木留香

### 视频文案：一座河间府，千年诗经城

是谁帮我们把《诗经》留下来的？就是这个村，这是中国非常伟大的一个农村。2700年前，《诗经》的主要传承人毛公以及他的侄儿毛长，两个人带着《诗经》流亡，没有村民愿意收留他们，是沧州河间的诗经村村民收留了他们，还将他们保护起来。

毛公这个人有个优点——记忆力好，文笔好。他的侄儿有个特点——会唱。古代的《诗经》都是劳动人民的诗

歌，是在田间地头传唱的，一个人会记会写，一个人会演会唱，所以叔侄两人配合，把《诗经》传承了下来，同时，他们还证明了当初这种《诗经》叫歌诗。那么，是谁把它保护传承下来的呢？是河间人。所以我说，这是中国非常有文化的一个村，因为它把中国2000多年前的最宝贵的文化传承了下来。

中国一直以来叫诗歌，我觉得其实叫错了，应该叫歌诗。中国的诗歌从《诗经》开始都是用于演唱的，而不是用于写的。你看，现在很多诗人变成了会写不会唱，其实，真正的歌诗是一定要能唱出来。

刀郎为什么火？就是因为刀郎的作品和《诗经》一样，都是伟大的作品。知道吗？他是把诗歌唱出来，所以叫歌诗。所以，《诗经》中所流传下来的歌诗是河间非物质文化遗产（简称“非遗”）。河间人用自己的方式理解和坚守了文化2700年，给我们中国人坚守出来了《诗经》，否则我们没有办法把我们的文明史往前推。我们怎么知道中华民族文化5000年？这个村就是个证明。

（发布于视频号：华红兵金钥匙营销）

## 亮点提炼

**历史文化深度：** 通过讲述2700年前毛公及其侄儿毛长在河间诗经村传承《诗经》的故事，凸显了河间作为中国最古老文化传承地之一的独特地位，吸引了对历史和传统文化感兴趣的观众。

**情感共鸣与认同感：** 强调河间村民保护和传承《诗经》的文化贡献，传递了一种质朴而深厚的自豪感，容易引发观众的情感共鸣，特别是对中国传统文化有感情的观众。

**互动性暗示：** 以问题及答案“我们怎么知道中华民族文化5000年？这个村就是个证明”作为结尾，隐含着邀请观众分享自己的看法或了解，提升评论区的活跃度，增强用户参与度。

**名人效应与现代关联：** 提及刀郎的成功与《诗经》的相似之处，将古代文化与现代流行音乐联系起来，增强了内容的趣味性和时代感，吸引了更广泛的观众群体。

**数据支撑与事实依据：** 具体提及2700年的历史背景、毛公的记忆力和毛长的歌唱才能，以及《诗经》作为歌诗而非诗歌的本质。增强了内容的真实感和说服力，展示了河间在文化传承中的重要性。

**非物质文化遗产展示：** 强调河间《诗经》传承是国家级非

物质文化遗产，展示了其在文化保护和传承方面的重要地位，增强了内容的权威性和可信度。

**文化纠正与教育意义：**指出“诗歌”应称为“歌诗”，并解释了《诗经》原本用于演唱而非写作的历史背景，提供了文化知识的普及和教育意义，吸引了对文化研究和学习感兴趣的观众。

**旅游推荐与行动号召：**通过“一座河间府，千年诗经城”的口号，直接鼓励观众前往河间体验和了解这段宝贵的历史文化。提出了明确的行动号召，促进了潜在游客的转化。

**流量密码：这段文案巧妙地将河间的历史成就、文化传承和现代关联相结合，适合作为短视频平台上的推广内容。预计能有效提升河间的城市形象，并获得较高的用户参与度。**

# 衡水

## 儒风雅意，酒香人勤

### 视频文案：河北衡水“三大宝”

这么近，那么美，周末到河北。到河北哪儿呢？来衡水。

衡水最有名的有三样东西。第一是衡水中学，它是多少学子向往的学校啊！第二是衡水老白干，那才是真正的好酒，喝进去后哇，全身都热起来。河北的热情都在衡水老白干里。据说，河北衡水老白干才是真正于20世纪初，在巴拿马获得金奖的酒。河北衡水人特别低调，有名牌他不宣传。衡水老白干是真正的好酒。河北衡水被大运河穿城而过，乾隆皇帝曾经游历大运河，路过衡水一带，饿了，衡水人就给他上了一碗细面。乾隆吃完大悦，当时就题字——龙须面。是龙须面的哪一种呢？叫龙须凤尾贡面。所以，第三样东西就是龙须凤尾贡面。它不仅是龙须还是凤尾，因面条的尾巴摆动而得名。

衡水有很多特产，而且衡水人特别善良淳朴。

这么近，那么美，周末到河北，去哪儿呢？来衡水。喝老白干酒，吃龙须凤尾贡面。

（发布于视频号：华红兵谈咨询）

## 亮点提炼

**地方特色与品牌效应：**通过介绍衡水三大宝——衡水中学、衡水老白干和龙须凤尾贡面，凸显了衡水的地方特色和知名品牌，吸引了对教育、美酒和传统美食感兴趣的观众。

**历史与文化深度：**提及乾隆皇帝品尝并题字的龙须凤尾贡面，以及衡水老白干在巴拿马获得金奖的历史，展示了衡水深厚的文化底蕴和历史成就，增强了内容的可信度和吸引力。

**情感共鸣与认同感：**强调衡水人的低调和善良淳朴，传递了一种质朴而深厚的自豪感，容易引发观众的情感共鸣，特别是对于河北籍或对中国传统文化有感情的观众。

**互动性暗示：**以问题“这么近，那么美，周末到河北，去哪儿呢？来衡水”作为结尾，隐含着邀请观众分享自己的旅行计划或体验，提升评论区的活跃度，增强用户参与度。

**幽默感与亲切感：**用轻松幽默的语言（如“河北的热情都在衡水老白干里”）介绍衡水特产，增加了文案的亲切感和可读性，更容易让观众产生好感。

**事实依据：**提及具体的历史事件（如巴拿马金奖、乾隆皇帝题字）和品牌荣誉，增强了内容的真实感和说服力，展示了衡水特产的独特价值。

**热点话题关联：**结合当前社会对地方特产、历史文化名城和周末短途旅游的关注，使内容更贴合时代背景和社会发展趋势，吸引广泛讨论和关注。

**旅游推荐与行动号召：**通过“这么近，那么美，周末到河北”的口号，直接鼓励观众选择衡水作为周末出游目的地。提出了明确的行动号召，促进了潜在游客的转化。

**流量密码：这段文案巧妙地将衡水的地方特色、历史文化、品牌故事和旅游推荐相结合，适合作为短视频平台上的推广内容，预计能有效提升衡水的形象并获得较高的用户参与度。**

# 天津

## 津门故里，海河新貌

### 视频文案：天津，一个最有年味的城市

要问中国最有年味的城市是哪里？答案就是天津。

要过年你就去天津过。我建议你从大年三十一直待到年初五，这样才能感受到浓浓中国味。那中国的年味就在天津。

为什么这么说？你看，大年三十这天，天津人叫“守岁”，而且不让扫地，不让倒水，不能用剪刀，还不能说不吉利的话，他们称这为“守岁”。

天津人过年一定要吃饺子，大年三十的饺子是肉馅，初

一吃素馅的，表示这一年肃肃静静，没有灾难，大年初二天津人一定是回娘家的，而且回娘家一定要带礼物。所以，各位女婿大年初二要去岳父母家，你要手上没有个礼物就压根儿别回去了。

初一的饺子，初二的面，初三吃烙饼卷鸡蛋。

大年初四是大饼炒鸡蛋，大年初五这天是不能到处拜年的，因为会被称为小人。而且大年初五这天各家各户啊，都在那剁菜剁得“咣咣”响。为什么？剁小人。这大年初五把小人赶走，过了初五，这一年就算圆满了。所以，我觉得最有年味儿的地方就在天津。今年过年我们要不要一起去天津过？

（发布于视频号：华红兵讲品牌）

## 亮点提炼

**情感共鸣与传统文化：**通过详细介绍天津过年期间的传统习俗（如守岁、吃饺子、回娘家等），凸显了浓厚的中国年味，容易引发观众的情感共鸣，特别是对传统节日文化有深厚感情的观众。

**互动性暗示：**以问题“今年过年我们要不要一起去天津

过？”作为结尾，隐含着邀请观众分享自己的过年计划或体验，提升评论区的活跃度，增强用户参与度。

**具体习俗与细节描述：**详细描述了从大年三十到初五每天不同的习俗和讲究（如吃不同馅料的饺子、回娘家要带礼物、特定食物的寓意等），展示了天津过年的独特性和丰富性，增强了内容的趣味性和吸引力。

**事实依据：**虽然没有具体的数据，但通过详细描述各种传统习俗，增强了内容的真实感和可信度，展示了天津作为最有年味城市的地位。

**幽默与亲切感：**用轻松幽默的语言（如“手上没有个礼物就别回去”）介绍天津的习俗，增加了文案的亲切感和可读性，更容易让观众产生好感。

**热点话题关联：**结合当前社会对传统文化、家庭团聚和春节庆祝的关注，使内容更贴合时代背景和社会趋势，吸引更广泛的讨论和关注。

**地方特色与美食诱惑：**强调天津独特的过年美食（如素馅饺子、烙饼卷鸡蛋、大饼炒鸡蛋等），唤起观众的味蕾记忆，增强了对天津的好奇心和向往。

**流量密码：这段文案巧妙地将天津的传统习俗、美食文化和过年氛围相结合，适合作为短视频平台上的推广内容，视频发布后有效提升了天津的形象并获得较高的用户参与度。同时，它也能够吸引观众进一步了解天津的魅力，推动当地旅游业和文化的交流发展。**

# 开封

## 铁塔晴云，包公遗风

### 视频文案：1000年前最繁华的地方是开封

开封，开封，一个被誉为“八朝古都”的城市，今天它连河南省省会都不是，它只是一个默默无闻的三线城市，但这个城市你知道它曾经有多辉煌吗？清明上河图描述的就是开封，当时汴河两岸的繁荣景象，中国历史上最兴盛的王朝之一——北宋，首都就是开封，史称汴梁。

法国有个著名历史学家叫布罗代尔，他在《文明史》中说，宋朝不灭亡的话，具备优于今天西方国家所有进化的潜力，它被西方国家称为中国历史上最伟大的王朝之一。而北宋的都城就是开封，我们看看它当时有多强大：

第一，宋朝的年财政收入是1.6亿万贯，而唐朝前期的财政收入才3500万贯，它几乎是唐朝前期的4倍，可见宋朝经济有多繁荣。

第二，在宋朝，民间贸易非常繁荣。宋朝的GDP人均达到了450美元，你知道宋朝有多厉害？它大搞对外贸易，它圈定了5个城市进行对外开放。哪像后来的清朝呢？只有一个城市对外开放是广州。所以丝绸之路非常繁荣。

第三，文化与科技。宋朝是中国诗词的又一高峰，一个又一个巨匠在宋朝诞生。像苏轼、李清照、辛弃疾、欧阳修、范仲淹等。宋朝的科学成就斐然。毕昇的活字印刷术，大幅提升了书籍印刷的效率；指南针也是宋朝科技的瑰宝；从宋朝开始，火药被广泛应用于军事领域，使得宋朝军力得以增强。你看，中国现代咱们的造船业世界第一，也是继承了宋朝擅长造船的传统。

宋朝还是发明美食的地方，开封是河南菜真正的发源地，像咱们今天所熟知的灌汤包、东坡肉，甚至开封菜后来都传到了杭州。今天的杭州菜一半以上其实都是开封菜。假设没有后来元朝的强势崛起，开封要是到今天绝对可以超过美国的纽约，所以我始终觉得河南是一个旅游大省。

你看着吧，河南将是下一个旅游胜地。2025 年的河南旅游将会特别热，人们终会发现原来河南有这么多名胜古迹，我们每个中国人都应该去看一下。尘封历史打开的地方叫“大美开封”。

（发布于视频号：华红兵移动营销）

## 亮点提炼

**历史深度与辉煌成就：**通过强调宋朝时期的开封作为中国历史上最兴盛王朝的首都，展示了其在经济、文化、科技等方面的辉煌成就，吸引了对历史文化感兴趣的观众。

**数据支撑与事实依据：**具体提及宋朝年财政收入（1.6 亿万贯）、唐朝财政收入（3500 万贯）、人均 GDP(450 美元）等数据，增强了内容的真实感和可信度，展示了开封在宋朝时期的高度繁荣。

**名人效应与国际视角：**引用法国著名历史学家布罗代尔的观点，凸显了宋朝在全球历史上的重要地位，增加了内容的权威性和国际视野。

**文化与科技贡献：**强调宋朝在诗歌文学（如苏轼、李清照等）、四大发明（火药、活字印刷、指南针）以及造船业方面的巨大贡献，展示了开封的文化和技术底蕴。

**美食文化传承：**提及开封是河南菜的发源地，并列举了灌汤包、东坡肉等知名美食，吸引了对中华饮食文化感兴趣的观众，增加了内容的趣味性和吸引力。

**情感共鸣与认同感：**表达了对开封如今默默无闻状态的惋惜，传递了一种质朴而深厚的自豪感，容易引发观众的情感共鸣，特别是对河南籍或对中国传统文化有感情的观众。

**旅游潜力与未来展望：**呼吁关注开封的旅游资源，预测2025年河南旅游会特别火爆，提供了明确的行动号召，促进了潜在游客的转化。

**互动性暗示：**以问题“人们终会发现原来河南有这么多名胜古迹，我们每个中国人都应该去一次开封”作为结尾，隐含着邀请观众分享自己的看法或体验，提升评论区的活跃度，增加用户参与度。

**社会话题关联：**结合当前社会对旅游业发展、历史文化保护和地方宣传的关注，使内容更贴合时代背景和社会趋势，吸引广泛的讨论和关注。

**流量密码：这段文案巧妙地将开封的历史成就、文化传承、经济繁荣和旅游潜力相结合，适合作为短视频平台上的推广内容，预计能有效提升开封的城市形象并获得较高的用户参与度。**

# 洛阳

## 洛邑千年，牡丹争艳

### 视频文案：北京是首都，洛阳叫神都

北京是首都，但洛阳叫神都。你别看今天洛阳连河南的省会都不是，但这个地方很神，到底神在哪里？有三个理由。

第一，问古今兴废事，请君只看洛阳城。你要想知道100年前的中国，你就看上海；你要想知道600年前的中国，就看北京；你要想知道2000年前的中国，你就要去西安；你要想知道5000年前的中国，那就要去洛阳。洛阳是夏朝、商

朝、西周、东周、东汉、曹魏、西晋、北魏、隋朝、唐朝、后梁、后唐、后晋13个朝代的都城。所以，洛阳的历史底蕴不输西安。

第二，洛阳是个能改命的地方，洛阳因风水而被誉为国宝穴。我们都知道，中国的龙脉之一是秦岭一带，但是昆仑山整个龙脉的延伸线就是洛阳。洛阳恰好处于中国地理的中心，所以被称为龙门。“鱼跃龙门”中的龙门桥就在龙门石窟的旁边，证明洛阳是一个可以改命的地方。

第三，我们经常讲河洛文化是中华民族的根本文化。那河洛文化指的是哪里呢？洛阳就是河洛文化的中心。广东潮汕地区的人，号称自己的祖先源自河洛文化，而且洛阳产生了国花牡丹、酒祖杜康，还有四大发明中的三大发明(造纸术、印刷术、指南针)都是在洛阳首现。

而且洛阳的帅哥美女特别多。为什么？你想想，作为都城几千年留下来的基因能差吗？况且，杨贵妃都跟洛阳有缘分。李白有一句诗“云想衣裳花想容”，就是描写的杨贵妃。所以洛阳被称为神都，这个地方很神啊！

洛阳的历史非常辉煌。要是想了解5000年中华历史的辉煌，就到洛阳。你觉得呢？

（发布于视频号：华红兵移动营销）

## ✦ 亮点提炼

**历史深度与文化传承：**通过强调洛阳作为13个朝代的都城（如夏、商、周、东汉、唐等），凸显了其深厚的历史底蕴，吸引了对历史文化感兴趣的观众。特别是将洛阳与西安相提并论，展示了其在中华文明中的重要地位。

**时间维度与地理优势：**以时间为线索（100年前看上海、600年前看北京、2000年前看西安、5000年前看洛阳），清晰地展示了洛阳在中国历史长河中的独特位置，增强了内容的时间纵深感和历史优势。

**互动性暗示：**以问题“你觉得呢？”作为结尾，隐含着邀请观众分享自己的看法或建议，提升评论区的活跃度，增强用户参与度。

**名人效应与故事性：**提及杨贵妃与洛阳的缘分及李白的诗句，增强了内容的故事性和趣味性，容易引发观众的情感共鸣。

**文化根源与发明贡献：**强调洛阳是河洛文化的中心，并提到造纸术、印刷术和指南针三大发明首现于此，展示了洛阳在中华文化发展中的关键作用，增强了文化认同感。

**旅游推荐与行动号召：**提出将洛阳与西安合并为一个旅游区的建议，直接鼓励观众前往洛阳了解中华5000年的辉煌历史，提供了明确的行动号召，促进了潜在游客的转化。

**数据支撑与事实依据：** 具体提及洛阳作为多个朝代的都城及其文化贡献，增强了内容的真实感和可信度，展示了洛阳在多个领域的领先地位。

**情感共鸣与自豪感：** 通过讲述洛阳的历史成就和文化底蕴，传递了一种质朴而深厚的自豪感，容易引发观众的情感共鸣，特别是对于河南籍或对中国传统文化有感情的观众。

**流量密码：这段文案巧妙地将洛阳的历史成就、文化传承、风水命理和旅游潜力相结合，适合作为短视频平台上的推广内容。视频发布后，有效提升了洛阳的城市形象，并获得较高的用户参与度。**

# 哈尔滨

## 松花江畔，冬韵无穷

### 视频文案：让哈尔滨火起来的不仅是冰和雪

所谓的南方旅游城市，在今年冬天败给了哈尔滨。哈尔滨居然一夜爆火，元旦假期 3 天，整个旅游收入接近 60 亿，刷新了哈尔滨自己的历史记录，也刷新了全国人民的认知。东北振兴提出了多少年？有 20 来年了，取得了一些成就，但没有哪个城市火起来。倒是南方的“小土豆”和广西的 11 个砂糖橘瞬间走红了网络，把整个东北都震惊了，这就是移动互联网的厉害。

我分析主要是三个原因：第一，东北团宠。他们不是说一个人宠，东北这次是异常团结，整个东北都对南方过来的游客很宠爱。你想想看，东北一直是咱们国家传统的重工业区和粮食主产区，这些年来却一直没“火”起来。借助移动互联网，所有东北人都特别珍惜这一次人气。我举几个例子：南方的“小土豆”到达哈尔滨太平机场时，空姐用舞蹈来迎接；整个商场播放交响乐；鄂伦春族带上自己的驯鹿走在大街上和游客互动，这个少数民族上一次带着驯鹿走上大街还是东北抗联时期。就连漠河公安局和电视台都集体迎接那11个广西“砂糖橘”，文旅局更是提前开启直播，近100万人在直播间里等候那11个“砂糖橘”的到来。看着这些欢蹦乱跳的小孩子，南方人见识到了大雪的可爱，我觉得这是一次最南方和最北方之间的大合唱。在这个冰天雪地的日子，东北人以特有的方式给中国人加热。

第二，政通人和。这一次哈尔滨市政府“真金白银”发放了100万消费券，而且推出免费坐地铁政策。比如，你从太阳岛去“冰雪大世界”，地铁是免费的。不仅如此，哈尔滨商务局还提出了提高服务质量的倡议，给所有的出租车重新安装了计价器。服务型政府的转变，一下吸引了全球的眼光。所以，我觉得这次哈尔滨“火”在政通人和，“火”在政府职能的转变。就连外地人去哈尔滨的药店都能够使用异地的医保卡，你看看哈尔滨想得多仔细；就连在哈尔滨市去哪儿喝早茶、吃早点，中午去哪儿吃饭，都给你规划得特别清晰。

第三，哈尔滨和整个东北都需要一次振兴。我一个学生正好在那开饭店，他说他的饭店不仅不涨价，而且还降价。因为这次不仅是饭店迎客的机会，还是整个东北振兴的机会。你看，多么可爱的东北人。你们知道吗？这个曾经的“共和国长子”，重工业基地，直到今天还在供应着全国的粮食，它扛了几十年。这一次南方“小土豆”们和11个“砂糖橘”的到来，让整个东北异常兴奋，东北人能接得住这波流量吗？这次我们看到异常团结的东北人，真的是接住了这一波流量。

今年的冬天是谁的冬天？我觉得是哈尔滨的冬天，是东北的冬天，这个城市、这片地区细腻、温暖，富有正能量。这次的南北浪漫大融合，是整个北方城市转型为服务型城市的样板。

（发布于视频号：华红兵营销策划）

## 亮点提炼

**数据支撑与事实依据：**通过具体的数据（如元旦假期旅游收入超过60亿元）展示了哈尔滨旅游业的成功，增强了内容的可信度和说服力。

**情感共鸣与社会话题：**提及东北振兴的话题，结合南方“小土豆”和广西“砂糖橘”走红网络的现象，反映了移动互联网的力量，容易引发观众的情感共鸣和社会讨论。

**互动性暗示：**以问题“东北人能接得住吗？”作为结尾，隐含着邀请观众分享自己的看法或体验，提升评论区的活跃度，提升用户参与度。

**政通人和与服务转型：**强调哈尔滨市政府发放消费券、提供免费地铁、提高服务质量等措施，展示了政府职能的转变和服务型城市的形象，吸引了对政策和公共服务感兴趣的观众。

**文化深度与历史背景：**提及哈尔滨作为重工业基地和粮食主产区的历史背景，增强了内容的文化深度和历史厚重感。

**名人效应与现代关联：**通过讲述哈尔滨市民和商家的热情接待（如饭店降价），展示了东北人的团结和热情，增加了观众的好感度。

**热点话题关联：**结合当前社会对旅游业复苏、地方经济振兴和南北文化交流的关注，使内容更贴合时代背景和社会发展趋势，吸引广泛讨论和关注。

**行动号召与未来展望：**通过“今年的冬天是谁的冬天？我觉得是哈尔滨的冬天”这样的表述，直接鼓励观众选择哈尔滨作为冬季旅游目的地，并展望未来的北方城市转型。

**细腻温暖的城市形象：**通过展示哈尔滨市民的热情好客和服务意识，塑造了一个细腻、正能量和温暖的城市形象，吸引了对人文关怀和美好旅行体验感兴趣的观众。

**流量密码：这段文案巧妙地将哈尔滨的旅游成就、政通人和的服务转型、文化深度和现代关联相结合，适合作为短视频平台上的推广内容，预计能有效提升哈尔滨的城市形象。同时，它也能够吸引观众进一步了解哈尔滨的魅力，推动当地旅游业和文化的交流发展。**

# 武冈

## 武冈胜迹，云山雾绕

### 视频文案：湖南武冈，人生起飞的地方

武冈是一个能使人改运的神奇地方。武冈是全国唯一一个有飞机场，却没有高铁的县级市。如今，大多数县城都是只通高铁，而武冈却未通高铁，通飞机，为什么呢？因为武冈想让大家的人生在这儿重新起飞。

2100年以前，武冈在西汉时期就是一个县，但是它却很发达，且发达了2000多年，所以武冈真的是个千年古城。最神奇的是，在明朝时期，当时开国皇帝第十八个儿子叫朱

梗，他的人生三起三落，从 14 岁开始到云南为王，没有把云南发展起来，当他 45 岁改封到武冈，从此开启了他顺遂的后半生。他修建了一座非常繁华的闽王府，子孙在此繁衍了九代都非常平安。朱梗活到了多少岁呢？70 多岁。古代的帝王、亲王，活到 70 岁以上的人很少，但是朱梗正是因为被改封到武冈，家族人丁兴旺，且人也长寿。所以，武冈就是一个能使人改运的地方。

如果你运气不好，不要哀叹命运不公；如果你时运不济，不要总觉得是别人在害你。你只要来趟武冈，你的人生就会像朱梗一样发生重大改变，展之就是人生“开挂式”的起飞。

武冈，人生可以起飞的地方。

（发布于视频号：华红兵点赞大运河）

## 亮点提炼

**独特定位与情感共鸣**：通过强调武冈是“使人改运的地方”，凸显了其独特的文化和历史背景，容易引发观众的情感共鸣，特别是寻求改变命运或对风水命理感兴趣的观众。

**历史深度与文化底蕴**：提及武冈在西汉时期就已是一个发达的县，并拥有 2000 多年的历史，展示了其作为千年古城的文化底蕴，吸引了对历史文化感兴趣的观众。

**名人效应与故事性：**讲述了明朝开国皇帝第十八个儿子朱楩三起三落的人生经历，以及他在武冈重新崛起的故事，增加了内容的故事性和趣味性，容易引发观众的好奇心和进一步探索的兴趣。

**互动性暗示：**以话题“如果你运气不好，不要哀叹命运不公……你只要来趟武冈，你的人生就会像朱楩一样发生重大改变”结尾，隐含着邀请观众分享自己的看法或体验，提升评论区的活跃度，增强用户参与度。

**神秘感与吸引力：**强调武冈的神奇之处（如全国唯一有飞机场而无高铁的县级市），增强了内容的神秘感和吸引力，容易引起观众的好奇心和讨论。

**数据支撑与事实依据：**具体提及武冈2000多年的历史背景、朱楩的生平事迹及其后代的繁荣，增强了内容的真实感和可信度，展示了武冈的独特魅力。

**文化认同与自豪感：**通过讲述朱楩及其后代在武冈的成功故事，传递了一种质朴而深厚的自豪感。容易引发观众的文化认同感，特别是对于湖南籍或对中国传统文化有感情的观众。

**行动号召与未来展望：**直接鼓励观众考虑前往武冈体验其独特的文化和历史，提出了明确的行动号召，促进了潜在游客的转化，并展望了个人命运改变的可能性。

**旅游潜力与地方特色：**展示了武冈作为一个人生转折点的特殊意义，结合其丰富的历史遗迹和文化资源，为观众提供了一个新的旅游目的地的选择，有利于推动当地旅游业的发展。

**流量密码：这段文案巧妙地将武冈的历史成就、文化传承、名人故事和个人命运改变相结合，适合作为短视频平台上的推广内容。**

# 武汉

## 江城烟雨，黄鹤悠游

### 视频文案：一座被低估的城市——湖北武汉

武汉拥有着全中国排名前十的顶级医院，包括同济医院和协和医院这两所顶级医院，仅次于北京和上海。这些顶级医院的水平，为整个武汉市民和整个湖北省人民，提供了高水准的医疗服务。一座城市牛不牛，第一，取决于它的医疗水平能不能提高这座城市的平均寿命。

第二，它的教育水准能不能让我们的后代一代比一代强。

第三，这座城市是否有着善良的美德。像武汉大学的雷军一样，赚了钱以后给母校捐款。整个武汉都有这样的风气，赚了钱的学生都会回报母校。

我在跟武汉人打交道的过程中，发现他们并不像是传说中的“九头鸟”。我觉得他们的“九头”里面，一定有“一头”叫感恩之头。他们非常懂得感恩，懂得回报社会，回报母校，回报这座城市，这就是被低估的武汉人。

（发布于视频号：华哥哥聊商业）

## 亮点提炼

**医疗水平与城市安全：**通过强调武汉拥有全国排名前十的顶级医院（包括同济医院和协和医院），凸显了其在医疗服务上的卓越表现，展示了武汉在保障市民健康方面的实力。这吸引了对医疗资源和城市安全感兴趣的观众。

**教育水准与发展潜力：**提及武汉的教育水准及其对未来一代的影响，强调了武汉在培养人才方面的重要性，吸引了对教育质量和城市发展潜力关注的观众。

**社会美德与感恩文化：**描述了武汉人善良、懂得感恩的社会美德，特别是提到雷军给母校捐款的例子，展示了武汉良好的社会风气和人文精神，增强了观众的情感共鸣。

**互动性暗示：**以话题“一座城市牛不牛，第一，取决于它的医疗水平……”开头，隐含着邀请观众分享自己的看法或经历，提升评论区的活跃度，提升用户参与度。

**情感共鸣与认同感：**纠正了人们对武汉人的刻板印象（如“九头鸟”），传递了一种质朴而深厚的自豪感，容易引发观众的情感共鸣，特别是对于武汉籍或对中国传统文化有感情的观众。

**事实依据：**具体提及武汉顶级医院的排名和教育机构的质量，增强了内容的真实感和可信度，展示了武汉在多个领域的领先地位。

**名人效应与榜样力量：**引用雷军等成功人士回报母校的例子，增强了内容的说服力和榜样力量，展示了武汉人的社会责任感和回馈精神。

**社会话题关联：**结合当前社会对医疗资源、教育质量和慈善行为的关注，使内容更贴合时代背景和社会发展趋势，吸引广泛的讨论和关注。

**被低估的城市形象重塑：**通过展示武汉在医疗、教育和社会美德方面的优势，重新塑造了一个被低估但充满潜力和魅力的城市形象，提升了武汉的整体吸引力。

**流量密码：这段文案巧妙地将武汉的医疗水平、教育质量和社会美德相结合，适合作为短视频平台上的推广内容。视频发布后，有效提升了武汉的城市形象，并获得较高的用户参与度。**

# 襄阳

## 鹿门隐风，古城春秋

### 视频文案：襄阳，堪称自然地形最完美的城市

自然地形堪称最完美的城市是湖北襄阳。襄阳虽然知名度不高，但是等我介绍完襄阳，你就会发现这座城市堪称完美。

襄阳是湖北的第二大城市，位于湖北省的西北部，属于南襄盆地的一部分。整个襄阳的城区有三条江，分别是汉江、唐白河和小清河，形成了三江汇流、四城环州的城市格局。它的中心城市被三条河流分隔成襄城、樊城、襄州、东

津四个城区，中间形成了一个巨大的天然绿洲——鱼梁洲，因其形状像鱼的脊梁一样而得名。

汉江绕着襄阳形成了一个巨大的弯，呈T字型，叫华夏第一城池，那个地方有一座古城，叫襄阳古城。你只有到了襄阳古城，才能真切感受到楚国的文明！襄阳古城三面环水，易守难攻，有一句话说得好，叫“铁打的襄阳”，襄阳自古就是兵家必争之地。襄阳这个地方有山有水，没有地震，没有洪涝灾害，也没有干旱，是一块风水宝地，全年降雨量充沛，而且这个地方四季分明，特别适合发展农业。它不像江汉平原，容易受到洪涝灾害的影响，这就是这个地方在古代就有很多人居住的原因。

襄阳，历史上叫襄阳古城，有2800多年的历史，名胜古迹众多。三国著名的军事家——智圣诸葛亮，就选择在襄阳隐居。襄阳的襄城区因襄阳古城的存在，所以是城市之根，历史悠久，山水资源特别丰富。所以，只要你来湖北的襄阳看一看，你就会知道什么叫风水之城。

（发布于视频号：华哥哥聊商业）

## 亮点提炼

**自然地形与地理优势：**通过强调襄阳三江汇流（汉江、唐白河、小清河）的独特地理格局，凸显了其自然地形的完美性，吸引了对自然景观和地理感兴趣的观众。

**历史深度与文化底蕴：**提及襄阳拥有2800多年的历史，以及作为楚国文明的重要代表，展示了其深厚的文化底蕴，吸引了对历史文化感兴趣的观众。

**互动性暗示：**以话题“所以只要你来湖北的襄阳看一看，你就会知道什么叫风水之城”结尾，隐含着邀请观众分享自己的看法或体验，提升评论区的活跃度，增强用户参与度。

**视觉吸引力与场景描绘：**生动描述了襄阳古城的布局（三面环水、易守难攻）、鱼梁洲的天然绿洲形态，以及汉江在襄阳形成的独特弯道，结合视频画面，极大地提升视觉冲击力，吸引观众前往体验。

**名人效应与故事性：**讲述三国时期著名军事家诸葛亮选择在襄阳隐居的故事，增加了内容的故事性和趣味性，容易引发观众的好奇心和进一步探索的兴趣。

**数据支撑与事实依据：**具体提及襄阳作为湖北第二大城市、南襄盆地的一部分等地理信息，增强了内容的真实感和可信度，展示了襄阳在多个领域的领先地位。

**环境优势与宜居性：** 强调襄阳没有地震、洪涝灾害、干旱等问题，全年雨量充沛，四季分明，特别适合农业发展。展示了其作为宜居城市的环境优势，吸引了对生活质量关注的观众。

**情感共鸣与认同感：** 通过展示襄阳的自然美景和文化遗迹，传递了一种质朴而深厚的自豪感，容易引发观众的情感共鸣，特别是对湖北籍或对中国传统文化有感情的观众。

**社会话题关联：** 结合当前社会对自然环境、历史文化保护和地方宣传的关注，使内容更贴合时代背景和社会趋势，吸引观众的广泛讨论和关注。

**旅游潜力与未来展望：** 鼓励观众前往襄阳体验其独特的自然景观和丰富的文化遗产，提出了明确的行动号召，促进了潜在游客的转化，并展望了个人发现新目的地的可能性。

**流量密码：这段文案巧妙地将襄阳的自然地形、历史成就、文化传承相结合，适合作为短视频平台上的推广内容。同时，还能吸引观众进一步了解襄阳的魅力，推动当地旅游业和文化的交流发展。**

# 衡阳

## 衡阳雁影，湘江水长

### 视频文案：一场演唱会考验城市服务水平

你最近有没有去过衡阳？如果你去过衡阳，你有没有发现，衡阳的城市服务水平得到了迅猛的提高。就在前段时间，薛之谦去那演出，连演了3天，人们对整个衡阳的口碑大涨，为什么呢？从火车站出发，是几百辆公交车免费接送到会馆。然后薛之谦唱歌，从晚上七八点钟，进行到十一二点，外边几百辆公交车，依然等待着把歌迷送回酒店，或送回高铁站。

连演了3天，整个衡阳全部动了起来，不仅提供了免费公交，而且还提供了各种餐饮、住宿的便利，充分向全国人民展示了一个热情洋溢和开放的衡阳，以及欢迎全国各地的朋友来衡阳的态度。这次，利用薛之谦的演唱会，衡阳征服了全国人民的心。

你有没有发现，2023年一些小规模的城市，突然就火起来了。这些城市没有重工业，没有大企业，也没办法吸引巨资，它只有一个办法，就是提升城市服务，展现这座城市的核心竞争力。所以，衡阳模式充分说明了服务无穷无尽，只要把服务做好了，整个城市的品牌形象马上就提升了。

（发布于视频号：华红兵品牌营销）

## 亮点提炼

**热点话题与名人效应：** 通过薛之谦演唱会这一热点事件，展示了衡阳城市服务水平的提升，吸引了对娱乐新闻和城市发展观众的关注。

**数据支撑与事实依据：** 具体提及薛之谦连演3天、几百辆公交车免费接送等细节，增强了内容的真实感和可信度，展示了衡阳在服务上的努力和成效。

**情感共鸣与口碑传播：**强调衡阳市民的热情好客和服务意识，传递了积极的城市形象，容易引发观众的情感共鸣，特别是那些喜欢体验被热情接待的游客。

**互动性暗示：**以问题“你最近有没有去过衡阳？”开头，隐含着邀请观众分享自己的经历或看法，提升评论区的活跃度，增强用户参与度。

**城市服务与核心竞争力：**突出衡阳通过提升城市服务来增强核心竞争力的做法，展示了小城市如何在缺乏重工业和大企业的情况下，利用优质服务吸引全国人民关注的成功经验。

**社会话题关联：**结合当前社会对城市发展、服务业提升和地方宣传的关注，使内容更贴合时代背景和社会趋势，吸引观众广泛讨论和关注。

**未来展望与行动号召：**提出衡阳模式作为其他城市的借鉴，直接鼓励观众考虑衡阳作为旅游或投资的目的地，并展望未来的发展潜力。

**对比与反思：**通过对比其他小城市迅速崛起的现象，反思衡阳的服务提升策略，展示了其独特性和创新性，增强了内容的深度和讨论价值。

**文化认同与自豪感：**通过讲述衡阳市民的热情好客和服务意识，传递了一种质朴而深厚的自豪感，容易引发观众的文化认同感，特别是对湖南籍或对中国传统文化有感情的观众。

**流量密码：这段文案巧妙地将衡阳的服务提升、薛之谦演唱会的成功举办和城市发展的潜力相结合。视频发布后，有效提升了衡阳的城市形象并获得了较高的用户参与度。**

# 苏州

## 苏式雅韵，园林梦中

### 视频文案：2500年始终富裕，苏州为什么是天堂

苏州为什么是全中国最幸运的城市，您知道吗？

2022年，苏州全年GDP超越了除广州以外的所有省会城市。上海够厉害了，但苏州人均GDP超越上海。苏州咋这么牛呢？过去常说："上有天堂，下有苏杭。"为什么叫"苏杭"不叫"杭苏"呢？

苏州以前叫姑苏，这个地方2500年的古城城址从来没有动过，当地历史上也没有发生过地震、海啸、洪涝灾害，而

且还远离大规模战争，所以苏州这么富。苏州历史上有四次腾飞的机会。

第一次发生在2500多年以前的吴国，吴王当时接受了伍子胥的建议，开凿运河，而苏州很幸运地中签了，它正好在运河的中间。运河哺育了苏州的交通、贸易、粮食，给苏州带来了极大的便利。

苏州的第二次腾飞是始于唐朝。在中国古代，发达的城市都在北方，安史之乱把北方打乱了。北方很多人逃难来到了南方，其中很多厉害的商人、文人来到了苏州安家。过去，苏州有1万多户居民，由此迅速膨胀到10万户。真正变成了唐朝的大城市，没有战乱，很祥和。

第三次是明朝、清朝的时候，把整个大运河打通了，苏州这段水道被称为“黄金水道”。这座城市又得到一次发展，再一次巩固了自身的地位，使这个鱼米之乡变得非常重要。有人说，那苏州为什么这么幸运呢？你别忘了，在古代历史上，苏州向朝廷缴的赋税是所有城市中最高的。由于苏州有钱了，开始重视教育，所以苏州出的状元最多，历史上出过60位状元。

这座城市的第四次机会就发生在20世纪80年代。当时，苏州在改革开放的背景下做了个新的规划，把老城区留下来，不做改动，就这样保留了苏州园林、寒山寺那些古代的建筑，而工业区建在了苏州新城。这样一手抓创新，一手抓继承，这座城市又靠着改革开放这一次机会，实现第四次腾飞。2022年，苏州全年GDP超越了除广州以外的所有省会城市，GDP总量排名全国第六。

苏州将2500多年来的四次机会全部抓住，所以，是“苏杭”。

（发布于视频号：华红兵移动营销）

## 亮点提炼

**历史与现代结合：**通过回顾苏州2500多年来的历史，展示了其四次腾飞的机会（吴王时期、唐朝、明清大运河、改革开放），将古老文化与现代成就相结合，增强了内容的深度和吸引力。

**数据支撑与事实依据：**提及具体的数据（如2022年GDP超越除广州外所有省会城市、人均GDP超过上海、历史上出过60位状元），增强了说服力，展示了苏州的经济实力和发展潜力。

**情感共鸣与认同感：**强调苏州的历史稳定和平安顺遂，没有经历过重大自然灾害和大规模战争，容易引发观众对和平生活的向往和对苏州的认同感。

**互动性暗示：**以问题“苏州为什么这么幸运”开头，隐含着邀请观众分享自己的看法或了解，提升评论区的活跃度，增强用户参与度。

**文化特色与旅游吸引：**描述了苏州丰富的文化遗产（如苏州园林、寒山寺等），凸显了其作为旅游目的地的魅力，能吸引对历史文化感兴趣的观众。

**热点话题关联：**结合当前社会对经济发展、城市规划和文化旅游的关注，使内容更贴合时代背景和社会发展趋势，吸引观众广泛的讨论和关注。

**成功经验总结：**总结了苏州在不同历史时期的成功策略（如抓住运河交通优势、重视教育、保留老城区等），提供了可借鉴的发展经验，特别是对于其他城市发展有启发意义。

**视觉吸引力与场景描绘：**生动描绘了苏州的历史风貌和现代化成就，结合视频画面，极大地提升了视觉冲击力，吸引观众对苏州的兴趣和向往。

**流量密码：这段文案巧妙地将苏州的历史成就、文化传承和现代发展相结合，适合作为短视频平台上的推广内容。并可以吸引观众进一步了解苏州的魅力，推动当地旅游业和文化的交流发展。**

# 德州

## 九达天衢，运河波光

### 视频文案：德州，尽显中国人的厚道

在大运河的历史上，德州曾经是一个外交城市，它很有名。

在明朝永乐年间，明成祖朱棣一改其父“闭关锁国”的政策，采用两项措施打开了国门。第一是让郑和下西洋，宣扬一下国威，把中国文化带出去。然后，允许海外各国使臣来北京觐见，加强中外文化的交流。第二是下令在大运河两岸开设各种驿站，提供免费食宿。

德州就是一个重要的驿站。600多年前，菲律宾有个叫

苏禄国的国王，带了340人的使团来觐见。他们的船队浩浩荡荡地在泉州登陆，沿着大运河一路北上，路过德州到北京觐见皇上。到了北京紫禁城以后，他就和皇上探讨治国之策。他们一行人在北京待了28天，还去了长城。到了九月，他们启程回国，途经德州时，国王不小心染了风寒，最后病死在德州。

皇上听闻这个消息，特别悲痛，然后直接允许他在德州附近一个名为“北营村”的地方下葬，我们现在还能在这里看到“苏禄国东王墓”。这里已经成为中菲友好的一个历史见证，大运河也被称为“外交河”。此后28年间，有300多个外国使团，沿着大运河经过德州到达北京。明朝永乐年间的这次开放给中国带来了非常好的宣扬国威的机会，同时也促进了中外文化交流。

那位苏禄国国王死后发生了什么呢？他的王妃、次子，还有其他几个孩子就一直留在德州为他守墓。为了让他们安心，明成祖还特别给他们一块地，朝廷每年都发给他们俸禄，这个政策一直延续到清朝。直到今天，北营村这一带，还都是苏禄国国王的后人。很多人到德州旅行，恐怕都没有到过这个地方——苏禄国东王墓，这是中菲友好历史的见证，也是我们国家利用京杭大运河对外进行政治、经济、文化交流的重要遗迹。

苏禄国东王墓见证了明成祖朱棣与苏禄国国王深厚的感情。600 多年后，它依然见证着中国和菲律宾的友好往来。大运河被称为“外交河”，德州跟它的名字一样，因德而兴起的州。苏禄国国王去世了，朱棣还派人还给他安葬修墓。他的后人在这里守墓，我们给土地、给粮食、给俸禄，给了多少年，给了 600 多年。

所以你到德州，可以更深刻体会到中国人的厚道。要想知道中国人在对外交往过程中的表现，可以来德州看一看“苏禄国东王墓”，听一听苏禄国王的后人怎样评价中国人的厚道。

（发布于视频号：华红兵谈咨询）

## 亮点提炼

**历史深度与国际视野：** 通过讲述明朝永乐年间郑和下西洋和大运河驿站的历史背景，凸显了德州作为重要外交城市的独特地位，吸引了对历史和国际关系感兴趣的观众。

**名人效应与故事性：** 以苏禄国国王使团的故事为主线，讲述了他觐见明成祖、病逝于德州以及后人守墓的历史事件。增强了内容的情感深度和故事性，容易引发观众的情感共鸣。

**文化传承与友好见证：**强调苏禄国东王墓作为中菲友好的历史见证，展示了中国在对外交往中的厚道和包容，传递了积极的文化价值观，增强了观众的文化认同感。

**互动性暗示：**以话题“要想知道中国人在对外交往过程中的表现，可以来德州看一看‘苏禄国东王墓’”结尾，隐含着邀请观众分享自己的看法或体验，提升评论区的活跃度，增加用户参与度。

**数据支撑与事实依据：**提及具体的历史细节（如苏禄国使团人数、在北京停留时间、明成祖政策等），增强了内容的可信度和说服力，展示了德州在中外文化交流中的重要作用。

**情感共鸣与认同感：**通过讲述苏禄国国王后人在德州的生活和朝廷对他们持续600多年的照顾，传递了中国人的厚道和责任感，激发了观众对中国传统文化和美德的认同感。

**流量密码：这段文案巧妙地将德州的历史成就、国际交往故事和文化传承相结合，适合作为短视频平台上的推广内容，并能有效提升德州的形象和获得较高的用户参与度。**

# 济宁

## 运河古邑，济宁悠情

### 视频文案：大半个中国文化诞生在山东济宁

要说中国最有文化的城市之一是哪一个？山东济宁。大半个中国的文化都诞生在山东济宁。你可能觉得今天济宁也不发达，交通也不是很便利，那为什么大半个中国的文化诞生在济宁呢？有以下三个理由。

第一，文化天团的“实力一哥”李白，在济宁生活了23年，他在这地方写了50多首名诗，济宁至今还保留着“太白楼”。

第二，我们都知道儒家文化的孔子、孟子，他们一个是曲阜的，一个是邹城的。

第三，在过去的500年中，中国最耀眼的城市之一，就是山东济宁。济宁因大运河而生，大运河流经的城市最长的地带就在这个地方，200 多千米穿城而过。而且，大运河全国管理机构的中心，就设在济宁。可以说，济宁是当时南北运河的交通枢纽，这个地方的地理位置约相当于今天的武汉，是交通枢纽、航运中心、商业中心、鲁西南的名城，也是当时全国最繁华的城市之一。

所以我们说中国的那些文学故事，大半发生在济宁。不要看济宁这座城市不怎么出名，但济宁下辖的11个县（市、区），随便拿出来一个那都是文化的代名词，都是中国历史文化的标签故事。

你说济宁是不是中国最有文化故事的城市之一？

（发布于视频号：华老师谈商业思维）

## ✦ 亮点提炼

**文化深度与名人效应：**强调济宁是中国文化的发源地之一，通过提及李白、孔子和孟子等历史名人及其贡献，凸显了济宁深厚的文化底蕴，吸引了对历史文化感兴趣的观众。

**数据支撑与事实依据：**具体提及李白在济宁生活了23年并在此创作了50多首名诗，以及大运河流经济宁长达200多千米等数据，增强了内容的可信度和说服力。

**历史重要性与地理优势：**解释了济宁因大运河而成为古代南北交通枢纽、航运中心和商业中心的重要性，展示了其在过去500多年的辉煌历史，提升了城市的历史地位和感召力。

**情感共鸣与认同感：**通过讲述济宁下辖各县（市、区）的文化标签和历史故事，激发了观众对济宁的文化认同感。特别是对于山东籍或对中国传统文化有深厚感情的观众来说，容易引起强烈的情感共鸣。

**互动性暗示：**以问题“你说济宁是不是中国最有文化故事的城市之一？”结尾，隐含着邀请观众分享自己的看法或了解，提升评论区的活跃度，增强用户参与度。

**热点话题关联：**结合当前社会对历史文化、名人故居和古代交通要道的关注，使内容更贴合时代背景和社会趋势，吸引观众广泛的讨论和关注。

**流量密码：这段文案巧妙地将济宁的历史成就、文化名人和地理优势相结合，适合在短视频平台上推广，并能有效地提升济宁的形象和获得较高的用户参与度。**

# 聊城

## 光岳楼下，水城聊城

### 视频文案：最被低估的城市竟然在山东

中国最被低估的一个城市，你肯定第一个会想到济南，第二个会想到青岛、烟台、威海、德州、淄博、潍坊、泰安……你数够10个城市，都不见得能想到山东居然还有这么一个严重被低估的城市——聊城。

你知道聊城有多神奇吗？最能代表我们中国人性格的就是这座城市。这座城市被称为千年的水城，它是“东方的威尼斯”。我想重点讲的不是它的水，而是它的古城。聊城的古城呈正方形，面积为1平方千米。从宋代开始，古城周围开始挖河，护城河最终被挖成了一个湖，正好围着这个正方形的古城，面积为6.3平方千米，叫东昌湖。这个湖比济南大明湖大4倍，比杭州的西湖都大1倍，而且它是一个圆形的湖。

聊城的古城恰恰代表了中国人为人处世的智慧，所以每一次来到聊城古城，我都会感觉到这座城市真的是上天赐给我们中国人的礼物。而且，这个古城的正中心是光岳楼，乾隆皇帝来过9次，康熙皇帝来过6次，并且是康熙皇帝御笔亲题，叫“天下第一楼”。

如果你有远大抱负，那你必须来聊城的古城登一登光岳楼。

（发布于视频号：华红兵谈营销）

## 亮点提炼

**被低估的魅力：**通过强调聊城是中国最被低估的城市之一，激发观众的好奇心，吸引那些喜欢探索非热门目的地的用户。

**独特城市形象：**将聊城称为“东方的威尼斯”，凸显其作为千年水城的独特魅力，特别是与济南大明湖和杭州西湖对比，展示了东昌湖的规模优势，增强了城市的吸引力。

**历史文化深度：**提及聊城古城的历史背景（宋代开始挖掘护城河），以及光岳楼的历史意义（乾隆、康熙多次到访），增强了内容的文化厚重感和历史价值。

**情感共鸣与认同感：**强调聊城代表了中国人为人处世的智慧，传递了深刻的文化认同感，容易引发观众的情感共鸣，特别是对中国传统文化感兴趣的观众。

**互动性暗示：**以话题“如果你有远大抱负，那你必须来聊城的古城登一登光岳楼”结尾，隐含着邀请观众分享自己的抱负或经历，提升评论区的活跃度，增强用户参与度。

**名人效应与权威背书：**提及光岳楼得到清朝两位皇帝的认可（乾隆9次到访、康熙御笔题名），增强了景点的权威性和吸引力。

**流量密码：这段文案巧妙地将聊城的独特地理风貌、历史文化底蕴和个人情感体验相结合，适合作为短视频平台上的推广内容。并可以吸引观众进一步了解聊城的魅力，推动当地旅游业和文化的交流发展。**

# 临清

## 古渡春秋，临清雅韵

**视频文案：我来告诉你，临清到底有多牛！**

临清没什么河，就有一条河——京杭大运河。

临清没啥宠物，就有一只猫——狮子猫，在其他地方你没见过。

临清没啥酒，就有一个“独占鳌头”。

临清也没啥吃的，就有一个面——国面十香面。

临清也没啥古建筑，就有一座舍利宝塔。

临清也没啥名人，就有一位抗日名将张自忠，还有一位国学大师季羡林。

临清也没啥工业品，就一个轴承占了全国 1/3 的销量。

临清没啥碗，就有一个“扣碗”。

临清也没啥名气，在过去500年，南来的，北往的，只要经过大运河，你就得在临清停一停。

临清还是中国的酱菜之乡、中国的武术之乡、中国的蜡染名城。

虽然临清啥也没有，但这就是临清！

（发布于视频号：华红兵谈营销）

## 亮点提炼

**幽默与记忆点：**通过“临清没啥……就有一个……”的重复句式，以幽默风趣的方式介绍了临清的独特之处，容易让观众记住并产生兴趣。

**独特性和稀缺性：**强调临清拥有的是独一无二的事物（如狮子猫、“独占鳌头”酒、舍利宝塔等），凸显了其独特性和稀缺性，吸引了对特色文化和稀有物品感兴趣的观众。

**文化与历史深度：**提及京杭大运河、抗日名将张自忠、国学大师季羡林等名人，展示了临清深厚的历史文化底蕴，增强了内容的文化吸引力。

**工业成就与经济贡献：**指出临清轴承占据全国1/3销量，以及作为酱菜之乡、武术之乡、蜡染名城的地位，展示了其在工业和传统手工艺方面的成就，提升了城市的经济形象。

**互动性暗示：**文案的幽默风格和重复结构隐含着邀请观众分享自己的看法或体验，提升了评论区的活跃度，增强了用户参与度。

**情感共鸣与认同感：**通过展示临清虽看似平凡却有着独特魅力的一面，传递了一种质朴而深厚的自豪感，容易引发观众的情感共鸣，特别是对于临清籍或对中国传统文化有感情的观众。

**热点话题关联：**结合当前社会对历史文化、地方特产和传统手工艺的关注，使内容更贴合时代背景和社会发展趋势，吸引观众广泛的讨论和关注。

**流量密码：这段文案巧妙地将临清的独特文化、历史成就和经济贡献相结合，适合作为短视频平台上的推广内容。视频发布后，有效提升了临清的形象并获得较高的用户参与度。**

# 威海

## 海畔松城，碧波帆影

### 视频文案：退休的人应该去山东威海

山东威海，退了休的人应该去的一个城市。我跟你说，它这儿的气候有多好，用“冬暖夏凉”四个字形容一点都不过。

第一，气候宜人。威海属于温带季风气候，四季分明，冬天温暖潮湿，夏天凉爽宜人。这是一个全年不用开空调的城市，特别适合老年人休养，去休养一段时间，心神都会特别安静。

第二，威海的空气特别清新。山东威海有广阔的森林覆盖面积和绵长的海岸线，海风吹来吹去，把那些空气中的有害物质都吹走，带来了新鲜空气，而且森林的负离子又特别多。沿着海岸线放眼望去，拥有这种自然条件的只有大连和威海两座城市。

第三，威海被称为中国最干净的城市。它开门就是大海，出门就是氧吧。高铁、机场、三甲医院、公园、森林，到处都是美景。而且，这座城市管理得很好。你知道这座城市有多干净吗？威海的城市管理好到几乎看不到垃圾。

所以，山东威海是低调得不能再低调的，中国最干净的城市之一。

（发布于视频号：华红兵谈营销）

## 亮点提炼

**气候宜人与健康休养：**强调威海冬暖夏凉、全年无须空调的温带季风气候，特别适合老年人休养，吸引对健康和舒适生活环境有需求的退休人群。

**清新空气与自然美景：**提及广阔的森林覆盖面积和绵长的海岸线，展示了威海优越的自然条件，特别是清新的空气和丰富的负离子，吸引了对环保和自然风光感兴趣的观众。

**城市清洁度与管理质量：**突出威海是中国最干净的城市之一，几乎没有垃圾。展示了高效的城市管理和良好的居住环境，增强了内容的可信度和吸引力。

**情感共鸣与生活质量：**通过强调在威海休养能让心神安静，传递了高质量的生活方式，容易引发观众的情感共鸣，特别是那些寻求宁静生活的退休人士。

**互动性暗示：**以话题“去休养一段时间心神都会特别安静”结尾，隐含着邀请观众分享自己的休养经历或感受，提升评论区的活跃度，增强用户参与度。

**事实依据：**提及威海的自然条件和城市管理水平，增强了内容的可信度和说服力，展示了威海作为宜居城市的独特优势。

**流量密码：这段文案巧妙地将威海的气候优势、自然美景、城市清洁度和生活质量相结合，有效提升了威海的形象并获得了较高的用户参与度。同时，它也能够吸引观众进一步了解威海的魅力，推动当地旅游业和文化的交流发展。**

# 潍坊

## 鸢都古韵，潍水风情

### 视频文案：山东这个地方居然能管天管地

潍坊这座城市能管天、管地。它是“风筝之都”，可以放飞理想，所以说它管天。当你很焦虑、很郁闷的时候，不妨来一趟潍坊，到了这个地方，所有的难事都不再是难事。

另外，潍坊还能管地。潍坊下辖的县级市寿光，不仅是中国数字农业的典范，还被称为“蔬菜之都”。如果它那里的蔬菜出了点问题，那老百姓的“菜篮子”都会受影响。所以，你看潍坊的地位多重要。

潍坊本身在历史上的地位也是举足轻重的。我们经常讲山东是齐鲁文化，齐文化的中心就在潍坊。所以，让我们来到这个无比令人神往的城市！这座城市管天、管地。

（发布于视频号：华红兵金钥匙营销）

## 亮点提炼

**独特定位与情感共鸣：**通过“管天、管地”的创意表达，引出潍坊为“风筝之都”（象征放飞理想）和寿光为“蔬菜之都”（象征保障民生），容易引发观众的情感共鸣，特别是那些寻求心灵慰藉或对食品安全关注的人群。

**农业成就与社会价值：**突出寿光作为中国数字农业典范和“蔬菜之都”的地位，强调其对全国“菜篮子工程”的重要性，增强了内容的社会价值感召力，吸引了对农业科技和食品安全感兴趣的观众。

**历史文化底蕴：**提及潍坊是齐文化的中心，展示了其深厚的历史文化底蕴，增加了内容的文化深度，吸引了对历史文化感兴趣的观众。

**互动性暗示：**以问题“当你很焦虑、很郁闷的时候，不妨来一趟潍坊”结尾，隐含着邀请观众分享自己的经历或感受，提升评论区的活跃度，增强用户参与度。

**事实依据：**提及寿光蔬菜对中国老百姓“菜篮子”的影响，增强了内容的可信度和说服力，展示了潍坊在全国农业中的重要地位。

**流量密码：这段文案巧妙地将潍坊的风筝文化和农业成就相结合，能有效提升潍坊的形象并获得较高的用户参与度。同时，它也能够吸引观众进一步了解潍坊的魅力，推动当地旅游业和文化的交流发展。**

# 淄博

## 陶琉之乡，古风新貌

### 视频文案：淄博的模式是最适合中国的模式

淄博烧烤火了，很多人不知道烧烤只是旅游的入口。你知道旅游作为一个产业，对一座城市有多重要吗？

第一，旅游直接带动了20多个关联产业，你想，出门旅游总得坐车吧，于是带动了铁路航空和汽车制造业，还带动了住宿，从而带动了房地产；然后还带动了制造业，去到那个地方旅游，总得买点东西吧，于是带动了服装、道具等所有的产业。

第二，旅游解决了大量的就业。中国经济转型带来了一个问题就是大量的失业。对于本地人来说，这不仅是快乐地向全世界推荐家乡的时候，还顺便赚到了钱。

第三，旅游能较好地保护当地文化。我们以前对淄博不了解，通过淄博烧烤的爆火，才知道，原来多年以前，淄博就是齐国的都城，深厚的齐鲁大地的家文化，让整个山东受益。

所以说，文旅一定是中国三四线城市发展自己的最佳入口。

我们去告诉更多的人，让更多的城市像淄博一样设立“长者食堂”，让淄博精神发扬光大。我要为淄博精神点赞。

（发布于视频号：华红兵移动营销）

## 亮点提炼

**热点话题与社会讨论：**通过回应网络上的质疑，直接切入当前关于淄博烧烤爆火的社会讨论，吸引了对时事和地方发展的观众关注。

**经济影响与产业带动：**强调旅游对城市经济的多方面带动作用，如交通、住宿、制造业等多个关联产业，展示了旅游业对地方经济的全面促进作用，增强了内容的专业性和说服力。

**就业解决与社会问题：**指出旅游解决了大量就业问题，特别是在中国经济转型带来失业问题的背景下，凸显了旅游业作为经济发展新动力的重要性，容易引发观众的情感共鸣和社会责任感。

**文化保护与传承：**提及淄博烧烤的火爆，让更多人了解淄博深厚的历史文化底蕴（如齐国都城），展示了旅游业在文化保护和传承中的积极作用，吸引了对历史文化感兴趣的观众。

**互动性暗示：**以话题“很多人不知道烧烤只是旅游的入口”开头，隐含着邀请观众分享自己的看法或经历，提升评论区的活跃度，增加用户参与度。

**情感共鸣与认同感：**传递了一种质朴而深厚的自豪感，特别是提到本地人快乐地向全世界推荐家乡，容易引发观众的情感共鸣，特别是对山东籍或对中国传统文化感兴趣的观众。

**未来展望与行动号召：**鼓励更多城市学习淄博模式，设立“长者食堂”，发扬淄博精神，提出了明确的行动号召，促进了潜在游客和投资者的转化，并展望了其他城市发展文旅的可能性。

**幽默与亲切感：**用轻松幽默的语言回应质疑，增加了文案的亲切感和可读性，更容易让观众产生好感。

**流量密码：这段文案巧妙地将淄博烧烤的火爆与旅游业的多重效应相结合，适合作为短视频平台上的推广内容。同时，还能够吸引观众进一步了解淄博的魅力，推动当地旅游业和文化的交流发展。**

# 西安

## 秦砖汉瓦，长安梦回

### 视频文案：西安才是真正没有短板的城市

中国唯一没有短板的城市，我觉得是西安。

先说历史文化，西安是十三朝古都，拥有7000多年文明史和3100年建城史。西安以秦始皇兵马俑、古城墙为代表，展现出丰富的历史传承和文化底蕴。

西安的城市基础设施建设也很有特色。西安站堪称世界上最有气势、最具规模的火车站。西安站建得跟皇宫似的，气势磅礴，出了火车站就是大明宫，一下火车，提着包直接“上朝”。西安站的设计把古典和现代融为一体，仅一条马路之隔，就有穿越时空的感觉。西安的每个地铁口下面都有厕所，不像别的城市，出口处才有厕所。您看这种设计多贴心！

西安的教育资源非常丰富，医疗水平也很高。西安还是真正的美食之都。咱先不说凉皮、泡馍，我告诉你，光西安的小吃，就算您在这里待上 100 天都不会重样。

西安的夜生活丰富多彩。一到晚上，大唐不夜城、芙蓉园灯火通明，年轻人都出来了。您甚至会深切感受到，原来西安人晚上都不睡觉啊。

西安人性格豪爽。西安的出租车司机个个都是导游，不仅热情，一路上还会跟你讲这座城市有哪些著名景点、哪些历史文物。

你瞧，西安才是真正没有短板的城市，大家有机会一定要去西安逛逛。

（发布于视频号：华红兵解读营销）

## ✦ 亮点提炼

**全面性与无短板：**通过强调西安在多个方面（如历史文化、基础设施、教育资源、夜生活等）的表现，凸显了其作为“没有短板的城市”的综合实力，吸引了对城市综合发展感兴趣的观众。

**互动性暗示：**以话题“中国唯一没有短板的城市，我觉得是西安”开头，隐含着邀请观众分享自己的看法或经历，提升评论区的活跃度，增强用户参与度。

**具体细节与趣味性：**

· 火车站设计：强调西安站的设计气势磅礴，与大明宫相邻，体现了古今融合的城市风貌。

· 地铁口厕所：指出每个地铁口下面都有厕所，展示了城市规划的人性化。

· 美食多样性：提及西安小吃种类繁多，100 天不重样，凸显了西安作为美食之都的魅力。

· 夜生活丰富：介绍了大唐不夜城和芙蓉园的夜景，展示了现代与古代结合的独特魅力。

· 出租车司机导游：描述出租车司机热情讲解历史文物，增加了内容的趣味性和真实感。

**情感共鸣与认同感：**传递了一种质朴而深厚的自豪感，容易引发观众的情感共鸣，特别是对陕西籍或对中国历史文化感兴趣的观众。

**视觉吸引力与场景描绘：**生动描述了西安的夜生活、美食街以及宏伟的火车站，结合视频画面，极大地提升视觉冲击力，展示西安独特的城市景观。

**数据支撑与事实依据：**虽然文案中没有大量引用具体数据，但通过具体的细节描述（如每个地铁口都有厕所、出租车司机当导游等），增强了内容的真实感和可信度。

**社会话题关联：**结合当前社会对城市发展、旅游体验、文化传承的关注，使内容更贴合时代背景和社会趋势，吸引了广泛讨论和关注。

**未来展望与行动号召：**鼓励观众前往西安体验其丰富的文化和现代化设施，提出了明确的行动号召，促进了潜在游客的转化，并展望了西安的发展前景。

**幽默感与亲切感：**用轻松幽默的语言（如下火车提包直接"上朝"）介绍西安的特点，增强了文案的亲切感和可读性，更容易让观众产生好感。

**流量密码：这段文案巧妙地将西安的基础设施、交通服务、美食、夜生活、教育资源和医疗条件相结合，从多个维度展示了西安作为“真正没有短板的城市”的独特魅力。通过具体细节和生动的描述，文案成功地将西安的魅力全方位呈现给了观众，增强了情感共鸣和可信度。**

# 成都

## 锦官城郭，熊猫故园

### 视频文案：未来的超级城市

中国未来的超级城市是哪里？我觉得应该是成都。

你去成都就知道了，成都相当于 2 个上海，7 个深圳，10 个香港，12 个纽约，139 个巴黎。成都还是除了北京之外，唯一拥有七环的城市。你说它有多大吧？

成都有四个火车站，如果您去成都可别坐错了站，成都北、成都南、成都西、成都东，东南西北都有了，就缺一个成都中。成都的私有车保有量全国第一。成都的天府机场是距市区最远的机场，建造它的时候可能就想到了成都以后将扩到十环。

成都最长的六号地铁线60多千米，坐完全程可能需要2小时。

成都的七环，距离市中心400多千米，一圈跑下来，您得开5个小时的车。我终于把成都搞清楚了，原来成都才是中国未来最大的城市。

除了城市面积大，成都也是整个西部发展最重要的城市。成都总人口1571万人，是中国的第四人口大市，成都作为四川省的省会城市，其经济实力不断增强，GDP总量持续增长，至2022年已达到20819亿元，位居全国前列，成都在高新技术、航空航天、电子信息等领域都形成了显著的产业集群效应。

除此之外，成都拥有丰富的历史文化遗产和独特的文化底蕴，如都江堰水利工程、宽窄巷子等著名景点，吸引了大量国内外游客。文化的繁荣不仅丰富了市民的精神生活，也成为吸引人才流入的一大因素。成都已经成为年轻人向往的地方。

（发布于视频号：华红兵品牌营销）

## 亮点提炼

**超级城市的规模与布局：**成都在面积和交通布局上展示了其作为超级城市的潜力。拥有四个主要火车站、一个远离市区的国际机场及超长地铁线，彰显了其巨大的城市框架。七环路的存在及其庞大的周长（约400千米），进一步强调了成都的广袤。

**经济实力与产业发展：**成都不仅是中国西部最重要的发展核心，而且在经济总量方面表现突出，至2022年GDP达到20819亿元，稳居全国前列。在高新技术、航空航天、电子信息等前沿领域形成了显著的产业集群效应，成为推动区域经济发展的重要引擎。这些内容能迅速吸引光中的注意力。

**文化旅游资源：**成都丰富的历史文化遗产和独特的文化氛围是吸引国内外游客的关键因素。著名景点如都江堰水利工程、宽窄巷子等，不仅体现了深厚的历史文化底蕴，也是短视频创作中极佳的内容素材。

**人口吸引力：**文化的繁荣促进了人才流入，使成都成为年轻人向往的生活和发展之地。作为中国第四大人口城市，成都的人口总数达到了1571万，显示了其强大的人口吸引力和生活魅力。

**细节与趣味性：**文案提及成都的 4 个火车站（北、南、西、东、），私家车保有量全国第一等细节，增强了内容的趣味性和记忆点，容易引发观众的好奇心。

**情感共鸣与认同感：**文案传递了一种质朴而深厚的自豪感，容易引发观众的情感共鸣，特别是对四川籍的观众尤为如此。

**流量密码：通过短视频的形式生动展现了成都的城市规模、经济实力、文化旅游资源，帮助更多人感受到成都的魅力所在，同时也为其他城市提供了利用自身特色进行宣传推广的宝贵经验。**

# 重庆

## 山城雾都，热情似火

### 视频文案：家的味道，就在火辣的重庆火锅里

你知道为啥说重庆火锅才是中国家文化的精髓吗？看看大家围坐在热气腾腾的火锅边，筷子在锅里翻飞，看似简单的共享，其实藏着深厚的家文化。

虽然共用一锅从卫生角度看不太理想，但几千年来，中国人吃着火锅，既享受美味又保持健康。这不仅是因为火锅高温杀菌，更因为它承载着对家的独特理解。

在中国，“兄弟姐妹”不仅仅是家人，更是团结和分享的

象征。每个人把自己挣的钱买来的好东西都放进锅里一起煮，这种无私分享的精神正是家庭温暖的体现。到了重庆，你会发现这里的人们用最火辣的热情和味道诠释着真正的家文化。

重庆火锅不只是食物，它是充满热度与温度的家的象征。一家人围着火锅，感受这份火辣带来的激情与温馨，这才是生活的真谛！火锅里的浓郁汤底都在诉说着家的故事，让你感受到最真实、最浓烈的中国文化。

所以，如果您想体验真正的中国家文化，那就来重庆尝尝那火辣辣的火锅吧！

（发布于视频号：华红兵谈咨询）

## 亮点提炼

**情感共鸣：**作者通过描述围坐在一起吃火锅时的那种亲密无间、共享美好时光的场景，触动读者心中对家庭温暖和团结的情感记忆。强调“兄弟姐妹”不仅仅是指家人，更是分享与团结的象征，引发人们内心深处对于亲情和友情的向往。

**文化传承：**强调重庆火锅不仅是一种美食，它更承载着深厚的中国家文化传统。几千年来，中国人通过共食一锅的方式表达对家庭的理解和珍视，这种传统文化在现代仍然保持着其独特的魅力和意义。

**独特体验：** 突出重庆火锅独有的火辣味道和热情氛围，将其作为了解和体验中国家文化的窗口。作者在文案末尾邀请读者亲自到访重庆，感受当地人民用最火辣的热情和味道诠释真正的家文化，为潜在游客提供了一个具体的旅游动机。

**感官刺激：** 描述火锅浓郁汤底的故事，让读者仿佛能闻到香气四溢的味道，感受到热气腾腾的气息，大大增强了文案的吸引力和感染力。

**生活真谛：** 作者将吃火锅上升到了生活哲学的层面，指出一家人围着火锅享受这份火辣带来的激情与温馨，正是生活的真谛所在。这不仅是食物上的享受，更是心灵上的慰藉和满足。

**流量密码：作者巧妙地将“重庆火锅”与“家的味道”联系起来，不仅容易引起观众的情感共鸣，也使文案能有效地传达重庆火锅背后的文化价值，并激发观众的兴趣，进而提升城市的品牌形象。**

# 香港

## 香江璀璨，繁华盛景

### 视频文案：为什么香港人普遍寿命都很长

全世界最长寿的城市是中国香港。几十年来，香港一直坚守把食品安全作为管理的底线，比如茄子一株结果不能超过3根；鸡吃的饲料都要求可追溯，检测里边有没有农残，有没有各种添加剂；一头猪要养到90～110千克；每一片蔬菜都要求农残要达标；甚至要求卖出的每一块肉，都要能追溯这头猪或鸡吃的饲料，因为只有让香港的市民吃上安全的食品，才能减少大家去医院的次数。

其实降低社会成本只有一个办法：卡住食品安全的源头，不让病从口入，就不至于导致医院人山人海了。

所以我想去香港，看一看是不是像传说中的食品安全合格率达到99.99%。

（发布于视频号：华红兵谈咨询）

## 亮点提炼

**健康长寿与食品安全：**通过强调香港是全世界最长寿的城市，并将此归因于严格的食品安全管理，凸显了食品安全对健康的直接影响，吸引了对健康生活方式感兴趣的观众。

**数据支撑与事实依据：**具体提及食品安全管理措施（如茄子一株结果不超过3根、饲料可追溯、农残达标等），以及食品安全合格率达到99.99%。增强了内容的真实感和可信度，展示了香港在食品安全管理上的严格标准。

**互动性暗示：**以话题“所以我想去香港，看一看是不是像传说中的食品安全合格率达到99.99%”作为结尾，隐含着邀请观众分享自己的看法或体验，提升评论区的活跃度，增强用户参与度。

**社会话题关联：**结合当前社会医保负担重、医院病人增多等问题，提出了食品安全源头管理的重要性。使内容更贴合时代背景和社会趋势，吸引广泛讨论和关注。

**情感共鸣与认同感：**通过对比内地日益增加的医疗负担和社会成本，强调食品安全的重要性，容易引发观众的情感共鸣，特别是对健康和生活品质有关注的观众。

**行动号召与未来展望：**直接鼓励观众考虑前往香港考察其食品安全管理实践，提出了明确的行动号召，促进了潜在游客的转化，并展望了未来健康管理的方向。

**教育意义与启发思考：**通过展示香港的成功经验，为其他地区提供了借鉴，激发观众思考如何改善本地区的食品安全状况，从而减少医疗负担，降低社会成本。

**流量密码：这段文案巧妙地将香港的长寿现象与其严格的食品安全管理相结合，适合作为短视频平台上的推广内容。同时，它也能够吸引观众进一步了解香港的魅力，推动香港旅游业的发展。**

# 昆明

## 春城花盛，四季如歌

### 视频文案：全中国最宜居的城市为什么是昆明?

全中国最宜居的城市是哪里？我认为是昆明。

昆明这个地方的海拔为1500～2000米，负离子含量多，能促进人的新陈代谢，尤其很多岁数大的人，有利于提高老年人的免疫力，促进神经系统的发育。这就是为什么很多人到了昆明以后，会觉得心里很快乐。这个地方四季如春，夏无酷暑冬无寒，春无风沙秋无霾。

你看红嘴鸥，从西伯利亚飞了6000多千米到这儿来。这里边有个传说，1985年，红嘴鸥从西伯利亚迁徙过冬，它们原本打算去华南过冬，因为那儿温暖，只不过那一年刚好赶上华南冷，所以就被逼退到昆明。它们到了以后，发现滇池一带的气候特别适合过冬，从此就扎根留下来了，每年10月到这儿来过冬，翌年4月再离开。

它们和整个昆明人形成某种默契，红嘴鸥已成为昆明冬天的一道风景线，成为昆明的一张名片，也给昆明带来了旅游收入。

所以，中国最宜居的地方真的是昆明。

（发布于视频号：华红兵移动营销）

## 亮点提炼

**宜居性与自然环境：**通过强调昆明四季如春、夏无酷暑冬无寒、春无风沙秋无霾的独特气候条件，凸显了其作为最宜居城市的自然优势，吸引了对生活环境质量感兴趣的观众。

**健康益处与科学依据：**提及昆明海拔为1500~2000米，空气中负离子含量多，有助于促进新陈代谢、提高免疫力和神经系统发育。增强了内容的科学性和说服力，吸引了关注健康的观众。

**互动性暗示：**以问题“全中国最宜居的城市是哪里？”开头，隐含着邀请观众分享自己的看法或经历，提升评论区的活跃度，增强用户参与度。

**情感共鸣与认同感：**讲述红嘴鸥选择昆明作为越冬地的传说，传递了一种质朴而深厚的自豪感，容易引发观众的情感共鸣，特别是对云南籍或对中国自然风光有感情的观众。

**数据支撑与事实依据：**具体提及红嘴鸥每年10月至翌年4月在昆明越冬的事实，以及1985年红嘴鸥首次到访的历史背景，增强了内容的真实感和可信度。

**生动的故事性：**通过红嘴鸥的故事，增强了内容的故事性和趣味性，容易引发观众的好奇心和进一步探索的兴趣。

**旅游潜力与经济贡献：**指出红嘴鸥给昆明带来的旅游收入，展示了昆明作为旅游目的地的魅力，吸引了对旅游和发展感兴趣的观众。

**社会话题关联：**结合当前社会对宜居城市、环境保护和人与自然和谐共生的关注，使内容更贴合时代背景和社会趋势，吸引了观众广泛的讨论和关注。

**幽默感与亲切感：**用轻松幽默的语言介绍了红嘴鸥的选择，增强了文案的亲切感和可读性，更容易让观众产生好感。

**流量密码：这段文案巧妙地将昆明的自然环境、健康益处、红嘴鸥的故事和个人精神相结合，适合作为短视频平台上的推广内容。同时，它也能够吸引观众进一步了解昆明的魅力，推动当地旅游业和文化的交流发展。**

# 杭州

## 钱塘潮涌，西湖映秀

### 视频文案：杭州的美，3000 年也看不完

“上有天堂，下有苏杭。”你到了苏杭，还能去哪儿啊？你都已经到天堂了，杭州就是大运河的终点。这个地方为什么叫天堂？不仅仅是风景好，还在于中国几个大诗人都在这儿留下过足迹。

唐代的白居易到这儿主政，他主政以后就修了一个堤，今天叫白公堤。因为杭州本来就是洼地，后来是不断地填海，把它围起来变成了淡水湖，但是杭州仍需要不断地把堤往上

抬，蓄水量才能增加。白居易过来以后就干了件事，修堤让里面的淡水量更大，使这个湖面更宽广了。而且，白居易很多名诗都是在这里诞生的，“乱花渐欲迷人眼，浅草才能没马蹄”“最爱湖东行不足，绿杨阴里白沙堤”。他不仅是个诗人，还是个经济学家、营销专家。他开发了当地的梨花酒，而且他支持手工业，当地的丝绸制造业得到大力扶持。所以，白居易为杭州作出了巨大贡献。

白居易刚贡献完，到了宋朝，苏轼来了，也修了个堤，叫苏堤。我们今天讲的苏堤春晓，指的就是苏轼修的梯堤。如果说是白居易在诗歌中首次提到西湖，那么到了苏轼这儿，就是把整个西湖扬名海内外。因为他有一首诗这样写：“欲把西湖比西子，淡妆浓抹总相宜。”就是说，你在西湖，任何时候都能看到美丽的风景，一年四季，春、夏、秋、冬你都能看到。你知道苏轼有多浪漫吗？他在西湖旁边还种了很多柳树，“人面桃花相映红”，这边是柳树，另一边桃花开了，所以他把整个西湖，打造得一年四季风景如画，谁干的事？苏轼干的事！你说杭州人有多幸运，每个朝代最伟大的诗人都曾在杭州留下足迹。

如果说这些诗人与你有些久远，那再给你讲个近代诗人。戴望舒生于杭州，他描写的《雨巷》，就是今天杭州的古老小巷，也是他期待遇到撑着油纸伞的姑娘的地方。所以，我们经常把杭州比成姑娘，充分表现了杭州那种细腻，那种雨后让人恋爱的感觉。

真正西湖的美，是一年四季的美，正如中国东方女性的美。我觉得中国东方女性的美如果用一个城市来表达，就是杭州。你看春天，桃花开了，柳树绿了，春风拂面。到了夏天，这个地方温度并不很高，它波光粼粼，到处开花，整个杭州都荡漾在绿色和花的海洋里。到了秋天，它根本就没有北方城市的肃杀，反而显得分外妖娆。冬天的杭州，尤其是小雪一下，整个城市银装素裹，给人一种干净纯洁的感觉。东方女性的美就像杭州，干净纯洁。

所以，我们说大运河文化来到了杭州，真让人感慨万千。杭州就是大运河的终点，这座城市是老天爷赏赐给我们的一颗明珠。如果你想问我中国哪个城市最像东方女性，那我选择杭州。我对这座城市性格的比喻你觉得妥当吗？你有没有比我更好的比喻呢？

（发布于视频号：华红兵移动营销）

## 亮点提炼

**情感共鸣与文化深度：**通过引用古代诗人白居易、苏轼和现代诗人戴望舒的诗词，凸显了杭州深厚的文化底蕴和诗意氛围，容易引发观众的情感共鸣，特别是对历史文化感兴趣的观众。

**视觉吸引力与四季美景：**生动描绘了杭州一年四季的不同美景（如春天的桃花柳树、夏天的波光粼粼、秋天的分外妖娆、冬天的银装素裹），吸引观众前往体验。

**名人效应与历史贡献：**强调白居易和苏轼对杭州的贡献（修堤、诗歌创作、扶持手工业等），展示了杭州在不同历史时期的繁荣和发展，增强了内容的历史厚重感和说服力。

**互动性暗示：**以问题“你有没有比我更好的比喻呢？”结尾，隐含着邀请观众分享自己的看法或创意，提升评论区的活跃度，增强用户参与度。

**热点话题关联：**结合当前社会对文化旅游、城市形象和东方美学的关注，使内容更贴合时代背景和社会趋势，吸引观众广泛的讨论和关注。

**事实依据：**提及具体的史实（如白公堤、苏堤春晓）和诗作，增强了内容的可信度和文化深度，展示了杭州作为历史文化名城的独特魅力。

**生活品质与细腻感受：**将杭州比作东方女性的美，传递了细腻、优雅和纯洁的城市性格，吸引了对美好生活和浪漫情怀感兴趣的观众。

**流量密码：这段文案巧妙地将杭州的历史文化、自然美景和诗意氛围相结合，适合作为短视频平台上的推广内容。并可以吸引观众进一步了解杭州的魅力，推动当地旅游业和文化的交流发展。**

# 南京

## 秦淮水韵，古都遗风

### 视频文案：南京，一个你去了就不想回来的城市

南京是排名第一的中国最幸福的城市。

2023 年中国最幸福的城市，排名第一的是南京。为什么南京能够成为最幸福的城市？它幸福在哪呢？

第一，南京是六朝古都，历史悠久，人文荟萃。这座城市文脉绵长，英才辈出。这里有巍峨的中山陵，桨声灯影里的秦淮河，中山陵的台阶上刻着近代史，夫子庙的灯笼映照着游人的笑脸。历史与现代在这座城市交相辉映。六朝古都，

它是有历史文化的地方。这个地方有夫子庙、总统府，而且保留了很多的历史古庙。到了南京，你会觉得有一种穿越历史的感觉，它的历史文化特别深厚。

第二，南京的教育做到了一流。南京可以说是“科教狂魔”，它有50多所高校，其中有8所“211”，13所“双一流”大学，而且学校里，每10个人里面就有1个南京的大学生。

第三，南京的绿化做得很好。在玄武湖那一带，每天早上都能看到很多人在那晨练，在南京的很多街道上，人们都能看到野猪在散步，甚至还可以看到江豚，南京是一座幸福的城市。

（发布于视频号：华红兵点赞大运河）

## 亮点提炼

**情感共鸣与幸福感：**强调南京被评为2023年中国最幸福的城市，容易引发观众对幸福生活的向往。特别是对于追求生活质量的观众来说，更是具有强烈的吸引力。

**历史文化底蕴：**通过提及南京作为六朝古都，凸显其深厚的历史文化底蕴（如夫子庙、总统府等），增强了文化认同感，吸引了对历史文化感兴趣的观众。

**教育实力展示：**强调南京拥有 50 多所高校，其中包括 8 所 “211” 大学和 13 所 “双一流” 大学，展示了南京强大的教育资源和科研能力，吸引对教育和学术发展感兴趣的观众。

**自然环境与生活品质：**描述南京优越的绿化环境（如玄武湖晨练，街道上看到野猪散步、江豚出现），传递了宜居的生活环境和高品质的生活方式，增强了内容的吸引力。

**互动性暗示：**以话题“南京，一个你去了就不想回来的城市”开头，隐含着邀请观众分享自己的体验或感受，提升评论区的活跃度，增加用户参与度。

**数据支撑与事实依据：**提供具体的数据（如每 10 人中有 1 个南京大学生），增强了内容的可信度和说服力，展示了南京在教育方面的卓越表现。

**热点话题关联：**结合当前社会对幸福感、历史文化、教育质量和自然环境的关注，使内容更贴合时代背景和社会发展趋势，吸引广泛讨论和关注。

**流量密码：这段文案巧妙地将南京的幸福感、历史文化、教育实力和自然环境相结合，适合作为短视频平台上的推广内容。并可以吸引观众进一步了解南京的魅力，推动当地旅游业和文化的交流发展。**

# 上海

## 东方明珠，璀璨夺目

### 视频文案：上海的高度就是中国的高度

上海的高度就代表了中国的高度，它是中国的金融中心。上海的GDP总量一直以来都是中国城市排名第一，全球排名第六，它有世界上最大的交通枢纽虹桥交通枢纽。上海的地铁是全世界最长的地铁，它全长达到1055千米，是真正的魔都，世界第一。除了地铁，这里还有世界第一列商用的磁悬浮列车。上海有亚洲第一高的广播电视塔——东方明珠电视塔。

上海还拥有虹桥和浦东两大门户国际机场，你别小看这个，上海国际机场的航班占到整个中国的1/3左右。上海的国际航班，承担了中国对外交往的重任。上海的工业更牛，上海如今的钢铁制造、人工智能、新能源、集成电路、生物制药、航空制造等，都是中国第一。

为了跨越黄浦江，上海一口气建了11座桥，7条越江隧道。

为了跨越长江，上海创建了长江隧道崇明大桥。为了连接海洋，上海建造了第一条全长32千米的东海大桥。

更值得中国人骄傲的是，上海制造代表了中国品质，上海国货品牌就是国货制造质量的顶峰。像上海牌手表、大白兔奶糖、百雀羚（祖孙三代都用的品牌）护肤品，还有我们的回力鞋等，这都是一些真正的百年品牌啊。

（发布于视频号：华红兵营销策划）

## 亮点提炼

**数据支撑与事实依据：** 通过具体的数据（如GDP总量全球第六、地铁全长1055千米、国际机场航班占全国1/3等），增强了内容的可信度和说服力，展示了上海作为中国金融中心和国际大都市的地位。

**基础设施展示：**强调上海拥有世界一流的基础设施（如虹桥交通枢纽、最长地铁、磁悬浮列车、东方明珠电视塔、越江隧道和东海大桥等），凸显了其现代化和高效的城市管理。

**工业与科技实力：**提及上海在钢铁制造、人工智能、新能源、集成电路、生物制药和航空制造等领域的领先地位，展示了上海强大的工业基础和科技创新能力。

**历史文化与品牌传承：**结合上海的经典国货品牌（如上海牌手表、大白兔奶糖、百雀羚护肤品、回力鞋等），传递了上海不仅现在发达，还有深厚的历史文化底蕴和品质传承，增强了情感共鸣。

**互动性暗示：**以话题“上海的高度就代表了中国的高度”开头，隐含着邀请观众分享自己的看法或经历，提升评论区的活跃度，增强用户参与度。

**热点话题关联：**结合当前社会对城市发展、基础设施建设、科技创新和国货品牌的关注，使内容更贴合时代背景和社会发展趋势，吸引广泛讨论和关注。

**流量密码：这段文案巧妙地将上海的经济发展成就、基础设施、工业实力和文化传承相结合，不仅能有效提升上海的城市形象，也能够吸引观众进一步了解上海的魅力，推动当地旅游业和文化的交流发展。**

# 绍兴

## 乌篷船影，兰亭墨香

### 视频文案：一部绍兴史，半部中国史

5000年以前的历史，我们看河南；2000年以前的历史，我们去访问西安；600年以前的历史，我们访问北京；但是，如果把这所有的历史串在一起，能承载5000年的中华文明史，那可能就是绍兴。

在整个5000年文明史中，是谁源源不断地、涓涓细流地刻录历史呢？是绍兴黄酒。卧薪尝胆的越王勾践，曾经把美酒倒入河中，让全军共饮，军民振奋，打败了吴国。你们知

道王羲之吗？王羲之晚年居住在绍兴，每天喝酒，趁着酒兴写下了著名的《兰亭集序》。知道陆游吗？就是因为见了他的初恋唐婉之后，趁着喝了黄酒的酒兴，写下了著名的《钗头凤·红酥手》："红酥手，黄滕酒，满城春色宫墙柳。"

那你听说过李白吗？唐诗的作者你知道多少人？有300多位知名人物都来过这个地方，他们在这个地方写出了很多优美的诗篇来。《梦游天姥吟留别》，李白写的，多美啊，这首诗就完成于绍兴。而且，李白斗酒诗百篇，喝的什么酒？是黄酒。武松打虎喝的什么酒？他喝了18碗才能过冈，喝的也是那个浅碗装的黄酒。

一个著名的很能喝酒的人物——唐朝诗人贺知章，来到绍兴后跟李白相见恨晚，两个人每天喝着黄酒对诗。绍兴到现在还有一条道叫唐诗之路，是一条记录着唐代诗人走过的路，全中国也只有绍兴有。各位都知道，蔡元培每吃一顿饭都喝绍兴黄酒。鲁迅也是啊，他的家乡就在这儿，从小他就爱喝黄酒。

所以我说是绍兴的黄酒记录了5000年中华的历史，这哪是一款酒啊，这就是一个中国人的灵魂，这是老祖先留下的独一无二的属于中国人自己的酒。如果你是绍兴人，如果你是浙江人，如果你喝过黄酒，如果你读过鲁迅的书，如果你看过陆游的诗词，如果你从小都记得卧薪尝胆的故事，那你应该爱上绍兴黄酒，你觉得呢？

（发布于视频号：华红兵移动营销）

## 亮点提炼

**历史文化深度：**通过串联5000年中华文明史，强调绍兴在不同历史时期的独特地位，凸显其深厚的历史文化底蕴，增强了内容的文化厚重感。

**名人效应与故事性：**提及多位历史名人（如越王勾践、王羲之、陆游、李白、蔡元培、鲁迅等）及其与绍兴黄酒的故事，增强了内容的趣味性和吸引力，容易引发观众的情感共鸣。

**情感共鸣与认同感：**通过讲述绍兴黄酒与历史事件和名人的联系，激发观众对绍兴文化的自豪感和认同感，特别是对绍兴籍或浙江籍的观众来说，具有强烈的情感共鸣。

**互动性暗示：**以问题"你觉得呢？"结尾，隐含着邀请观众分享自己的看法或经历，提升评论区的活跃度，增强用户参与度。

**视觉吸引力与场景描绘：**生动描述了绍兴的历史遗迹（如兰亭序、天姥山）和文化氛围（如唐诗之路），结合视频画面，极大地提升视觉冲击力，吸引观众前往体验。

**热点话题关联：**结合当前社会对历史文化、名人故事和传统美酒的关注，使内容更贴合时代背景和社会发展趋势，吸引广泛讨论和关注。

**产品特色与文化传承：**将绍兴黄酒作为贯穿历史的重要元素，展示了其不仅是饮品，更是中华文化传承的象征，传递了独特的文化价值和情感纽带。

**流量密码：这段文案巧妙地将绍兴的历史成就、名人故事和黄酒文化相结合，适合作为短视频平台上的推广内容。并可以吸引观众进一步了解绍兴的魅力，推动当地旅游业和文化的交流发展。**

# 出版后记

《流量大师：城市流量密码》是一本致力于探索如何通过短视频为城市文旅赋能的书籍。书中精选了“流量大师”华红兵发表过的关于省、自治区、直辖市的爆款视频文案，并深入分析了每个视频的亮点，揭示了如何通过短视频提升城市形象，获得较高的用户参与度，进而推动当地旅游业和文化的交流发展。

本书的核心理念，是分享如何用短视频为城市文旅赋能。书中不仅展示了不同省（区、市）的独特魅力，还深入剖析了短视频背后的运营技巧。通过选取华红兵发表的多个爆款视频文案，详细介绍了各城市在自然环境、人文景观、文化底蕴、经济发展、风物特产、城市建设以及宜居宜业等多方面的城市特色。从桂林山水到北国冰雪，从海南热带风光到高原美景，视频文案生动地描绘了各地独特的自然景观和丰富的自然资源。从西安的历史古迹，到广州的都市风貌，视频文案充分展示了每个城市的特色和亮点，将深厚的文化底蕴和灿烂的人文景观呈现在读者面前。除此之外，作者对不同城市在经济发展和城市建设上的特色和成就如数家珍。

无论是推广 16 个省、自治区、直辖市的特色文案，还是 32 个城市的宣传文案，华红兵都极为巧妙地抓住了城市的亮点，用幽默风趣的语言，将城市故事娓娓道来。他在书中不仅针对不同省份、城市的实际情况，分析了每篇文案的亮点，更毫无保留地将蕴含在文案中的流量密码公之于众。

作为新媒体平台的流量大师，华红兵还从短视频运营技巧的角度，解读爆款文案。无论是列举具体数据和事实、唤起情感共鸣和认同感、利用对比加深印象、利用互动性暗示增强观众的参与感，还是结合当前的社会热点，使内容更加贴合时代背景和社会趋势，都能为短视频的内容创作者带来新的启发和收获。通过对所推广的不同省份、城市的爆款文案进行深入解读，华红兵不仅总结出一套行之有效的城市推广文案心法和运营方法，更为用短视频赋能城市文旅，提升城市影响力提供了可借鉴的模式。

本书适用于希望通过短视频平台提升城市形象，吸引更多游客和投资的地方政府和文旅部门，也适用于那些希望学习和掌握短视频运营技巧，创作更多优质内容的个人创作者。它不仅能为从事城市营销和品牌推广的专业人士寻找新的营销策略和参考案例，也适用于希望通过阅读了解各地的魅力和特色，对城市文化和旅游资源感兴趣的普通大众。

《流量大师：城市流量密码》不仅仅是一本关于短视频运营技巧的书，更是一部记录中国城市发展变迁的作品。它通过一个个生动的视频文案，展现了中国各地独特而迷人的城市风貌，揭示了如何通过短视频这一新兴媒介为城市赋能的方法和路径。我们希望通过这本书，能够让更多人了解和爱上中国的每一座城市，共同见证和推动它们的发展与繁荣。

愿每一位读者都能从本书中找到灵感，用短视频的力量点亮每一个城市的故事，让更多的美好被看见、被记住。

2024 年 1 月 17 日